STRICKEN

VERONIKA HUG & CHRISTOPHORUS VERLAG

INHALT

SEITE

LIEBE **BOBBEL-FANS!**

Es freut mich, dass ich euch endlich den Wunsch nach einem Buch mit gestrickten Modellen aus Original Woolly Hugs BOBBELs erfüllen kann. Ihr findet hier 18 Anleitungen zu meinen schönsten Tüchern und Schals, die meist aus nur einem BOBBEL entstanden sind. Aber auch Ponchos, Schulterwärmer und sogar eine Tuchweste findet ihr auf den folgenden Seiten. Beim Blättern durch das Buch könnt ihr die ganze Farbvielfalt der BOBBEL bestaunen. Scheut euch nicht, die Modelle und BOBBELs zu tauschen, so dass eine ganz andere Wirkung erzielt wird.

Woolly Hugs BOBBELs – das sind gefachte Garnknäuel mit einem Farbverlauf, der sich über das gesamte Knäuel erstreckt. So entsteht beim Stricken ein wunderschöner, fließender Farbübergang. Mit Spannung wird beim Nadeln das nächste kleine Knötchen erwartet, das den sanften Farbwechsel einläutet – es kommt garantiert keine Langeweile auf. Die Modelle sind so konzipiert, dass mit dem Ende des BOBBELs auch das Tuch oder der Schal beendet werden kann.

Achtung – Suchtgefahr! Wie oft wurde mir schon von Mitgliedern meiner Facebook-Gruppe berichtet, dass sie letzte Nacht mal wieder viel länger gestrickt haben, als eigentlich vorgesehen war, und stolz präsentierten sie per Foto den aktuellen Fortschritt ihres BOBBEL-Modells. Gerne lade ich euch daher auch in die Gruppe „Woolly Hugs" auf Facebook ein.

Nun noch ein Wort zu den Anleitungen: Sie sind ohne Abkürzungen geschrieben und bauen meist auf leicht verständlichen Strickschriften auf. Wie man so eine Schrift liest, zeigt der Workshop auf den Seiten 4–7. Es lohnt sich wirklich, das Lesen von Strickschriften zu lernen, schließlich entstehen so ungeahnte Möglichkeiten, sich selbst wunderschöne Modelle zu erschaffen!

Nun wünsche ich euch viel Spaß beim Aussuchen eures BOBBELs sowie beim Stricken und Tragen der entstandenen Modelle.

P.S.: Vielleicht treffen wir uns demnächst auf Facebook, wenn ihr uns euer Werk zeigt!
Alle Infos findet ihr auf meiner Homepage VeronikaHug.com

WORKSHOP

DIE STRICKSCHRIFT

```
+ U < I I I 2 I I U U I I ↓ 2 I I U U I I ↓ 2 I I U U I I ↓ 2 I I U U I I ↓ 2 I I U U I I ↓ I I I < U +  31
  + U I < U ↓ I I U U I I 2 ↓ I I U U I I 2 ↓ I I U U I I 2 ↓ I I U U I I 2 ↓ I I U U I I 2 U < I U +  29
      + U < U ↓ I U U I 2 I I ↓ I U U I 2 I I ↓ I U U I 2 I I ↓ I U U I 2 I I ↓ I U U I 2 U < U +  27
          + U < < U U 2 I I I I ↓ U U 2 I I I I ↓ U U 2 I I I I ↓ U U 2 I I I I ↓ U U < < U +  25
              + U < 2 I I U U I I ↓ 2 I I U U I I ↓ 2 I I U U I I ↓ 2 I I U U I I ↓ < U +  23
                + U < I I U U I I ↓ 2 I I U U I I ↓ 2 I I U U I I ↓ 2 I I U U I I < U +  21
                    + U I I U I I 2 ↓ I I U U I I 2 ↓ I I U U I I 2 ↓ I I U I I U +  19
                      + U < U I < I I ↓ I U U I 2 I I ↓ I U U I 2 I I < I U < U +  17
                          + U < I I I I ↓ U U 2 I I I I ↓ U U 2 I I I I < U +  15
                            + U < U I I I < 2 I I U U I I ↓ < I I I U < U +  13
                                + U < I I I 2 I I U U I I ↓ I I I < U +  11
                                  + U < U I ↓ I I U U I I 2 I U < U +  9
                                      + U I I ↓ I U U I 2 I I U +  7
                                        + U < U ↓ U U 2 U < U +  5
                                            + U I < < I U +  3
                                              + U < < U +  1
```

ZEICHENERKLÄRUNG

+ = 1 Randmasche
I = 1 Masche rechts
< = 1 Masche rechts verschränkt
U = 1 Umschlag
2 = 2 Maschen rechts zusammenstricken
↓ = 1 einfacher Überzug

Anhand der Strickschrift lässt sich ein zusätzliches Modell erstellen. Siehe Ende des Workshops Seite 7.

ANSCHLAG

4 Maschen anschlagen.

1. RÜCKREIHE

Arbeit wenden und die 1. Rückreihe linke Maschen stricken.

Nun wird mit der Strickschrift begonnen.

MUSTERBEGINN – 1. REIHE (= HINREIHE)

Arbeit wenden. 1 Randmasche, 1 Umschlag, 2 Maschen rechts verschränkt, 1 Umschlag, 1 Randmasche. Am Ende der 1. Reihe befinden sich 6 Maschen auf der Nadel. Dann die Arbeit wenden und für die **2. Reihe (= Rückreihe)** alle Maschen links abstricken.

3. REIHE (= HINREIHE)

Arbeit wenden. 1 Randmasche, 1 Umschlag, 1 Masche rechts, 2 Maschen rechts verschränkt, 1 Masche rechts, 1 Umschlag, 1 Randmasche. Am Ende der 3. Reihe befinden sich 8 Maschen auf der Nadel. Dann die Arbeit wenden und für die **4. Reihe (= Rückreihe)** alle Maschen links abstricken.

5. REIHE (= HINREIHE)

Arbeit wenden. 1 Randmasche, 1 Umschlag, 1 Masche rechts verschränkt, 1 Umschlag, 2 Maschen rechts zusammenstricken, 2 Umschläge, 1 einfacher Überzug, 1 Umschlag, 1 Masche rechts verschränkt, 1 Umschlag, 1 Randmasche. Am Ende der 3. Reihe befinden sich 12 Maschen auf der Nadel. Dann die Arbeit wenden und für die **6. Reihe (= Rückreihe)** alle Maschen links abstricken. Bei 2 aufeinanderfolgenden Umschlägen den 1. Umschlag links, den 2. Umschlag links verschränkt abstricken.

7. REIHE (= HINREIHE)

Arbeit wenden. 1 Randmasche, 1 Umschlag, 2 Maschen rechts, 2 Maschen rechts zusammenstricken, 1 Masche rechts, 2 Umschläge, 1 Masche rechts, 1 einfacher Überzug, 2 Maschen rechts, 1 Umschlag, 1 Randmasche. Am Ende der 7. Reihe befinden sich 14 Maschen auf der Nadel. Dann die Arbeit wenden und für die **8. Reihe (= Rückreihe)** alle Maschen links abstricken – Umschläge siehe 6. Reihe.

9. REIHE (= HINREIHE)

Arbeit wenden. 1 Randmasche, 1 Umschlag, 1 Masche rechts verschränkt, 1 Umschlag, 1 Masche rechts, 2 Maschen rechts zusammenstricken, 2 Maschen rechts, 2 Umschläge, 2 Maschen rechts, 1 einfacher Überzug, 1 Masche rechts, 1 Umschlag, 1 Masche rechts verschränkt, 1 Umschlag, 1 Randmasche. Am Ende der 9. Reihe befinden sich 18 Maschen auf der Nadel. Dann die Arbeit wenden und für die **10. Reihe (= Rückreihe)** alle Maschen links abstricken – Umschläge siehe 6. Reihe.

11.–32. REIHE

Die Reihen entsprechend fortführen. Die Zahl der Zunahmen erkennt man an der Abstufung der Strickschrift. Erscheint auf beiden Seiten der Strickschrift in der folgenden Reihe je 1 Kästchen mehr, dann werden in dieser Reihe 2 Maschen zugenommen – erscheinen je 2 Kästchen mehr, werden 4 Maschen zugenommen.

Da die Strickschrift nicht über die ganze Breite des Tuches im Buch dargestellt werden kann,

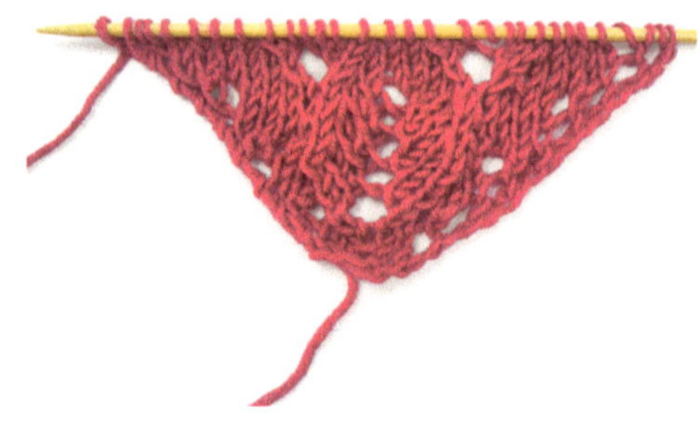

wird der stets zu wiederholende Teil als Mustersatz dargestellt. Diese grau unterlegten Kästchen zeigen an, welche Maschen in der Breite und welche Reihen in der Höhe wiederholt werden.

Bei dieser Strickschrift nach der 32. Reihe die 20 Reihen von der 13.–32. Reihe stets wiederholen.

Dabei stets mit den Maschen vor dem grauen Kästchen beginnen, dann die 8 grau unterlegten Maschen so oft wiederholen, bis nur noch die Maschen nach dem grauen Kästchen auf der Nadel sind. Dann diese entsprechend der Strickschrift abstricken.

Nach Bedarf die Modelle spannen. Dafür das Modell auf eine entsprechende Unterlage legen (z. B. Matratze) und mit Stecknadeln in kurzen Abständen feststecken. Danach anfeuchten und trocknen lassen.

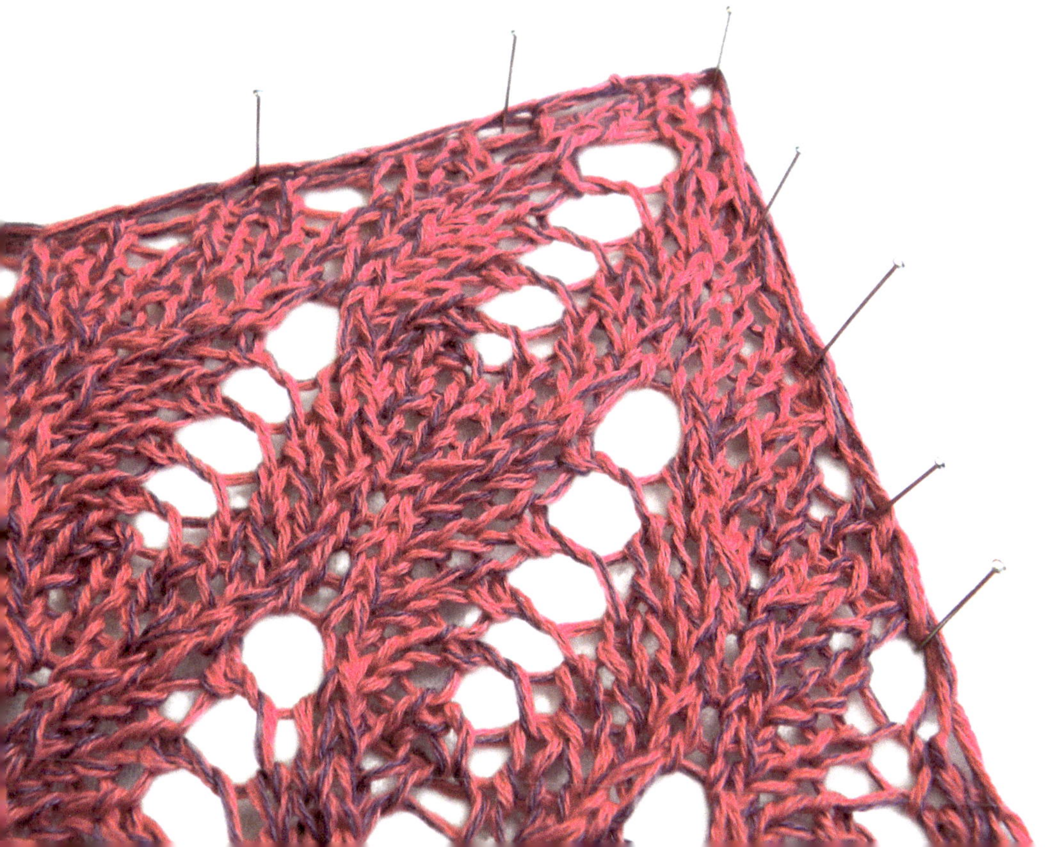

STOLA 1. DATE

GRÖSSE: 46 X 190 CM

MATERIAL

Woolly Hugs BOBBEL-COTTON (50 % Baumwolle, 50 % Polyacryl, Lauflänge ca. 800 m/200 g) von L&K (www.Pro-Lana.de):
1 BOBBEL in Wunschfarbe (Original in Farbe Nr. 04)
Stricknadeln Nr. 5

Randmaschen: Am Reihenanfang links abheben (Faden vor der Arbeit), am Reihenende rechts stricken.
Kraus rechts: In Hin- und Rückreihen rechte Maschen stricken.
Blatt-Zopfmuster: Die Maschenzahl muss durch 18 teilbar sein, plus 4 zusätzliche Maschen, damit das Muster rechts und links aufgeht, plus 2 Randmaschen. Laut Strickschrift arbeiten. Es sind nur die Hinreihen gezeichnet, in den Rückreihen die Maschen stricken, wie sie erscheinen, die Umschläge links stricken. In der Breite mit den 2 Maschen vor dem Mustersatz (MS) beginnen, den MS stets wiederholen, enden mit den 4 Maschen nach dem MS. In der Höhe die 1.–10. Reihe stets wiederholen.

Maschenprobe: 20 Maschen und 24 Reihen im Blatt-Zopfmuster = 10 x 10 cm

So wird's gemacht:

96 Maschen anschlagen und für die untere Randblende mit 1 Rückreihe beginnend 5 Reihen kraus rechts stricken. Anschließend im Blatt-Zopfmuster weiterarbeiten. Nach ca. 188 cm = 452 Reihen ab unterer Randblende bzw. kurz vor Ende des BOBBELs für die obere Randblende noch 4 Reihen kraus rechts stricken, dann alle Maschen locker rechts abketten.

ZEICHENERKLÄRUNG

+ = 1 Randmasche
I = 1 Masche rechts
− = 1 Masche links
U = 1 Umschlag
1╲1 = 2 rechte Maschen nach links verzopfen (= die 2. Masche hinter der 1. Masche rechts stricken, dabei die Masche nicht von der Nadel gleiten lassen, dann die 1. Masche rechts stricken und beide Maschen zusammen von der Nadel gleiten lassen)
2 = 2 Maschen rechts zusammenstricken
↓ = 1 einfacher Überzug (= 1 Masche wie zum Rechtsstricken abheben, die folgende Masche rechts stricken, dann die abgehobene Masche darüberziehen = 1 Abnahme)
↑ = 1 doppelter Überzug (= 1 Masche wie zum Rechtsstricken abheben, die folgenden 2 Maschen rechts zusammenstricken, dann die abgehobene Masche darüberziehen = 2 Abnahmen)
MS = Mustersatz

STRICKSCHRIFT

+	−	1╲1	−	U	I	2	−	↓	I	↓	U	I	I	I	I	I	U	−	1╲1	−	+	9
+	−	1╲1	−	U	I	2	−	↓	I	U	−	↑	U	I	I	I	U	−	1╲1	−	+	7
+	−	1╲1	−	U	I	I	I	I	U	2	−	2	−	↓	I	I	U	−	1╲1	−	+	5
+	−	1╲1	−	U	I	I	I	U	↑	−	U	I	2	−	↓	I	U	−	1╲1	−	+	3
+	−	1╲1	−	U	I	U	2	−	↓	−	U	I	2	−	↓	I	U	−	1╲1	−	+	1

MS

TUCH NICE SURPRISE

GRÖSSE: 180 X 70 CM

MATERIAL

Woolly Hugs BOBBEL-COTTON
(50 % Baumwolle, 50 % Polyacryl, Lauflänge ca. 800 m/200 g) von L&K (www.Pro-Lana.de):
1 BOBBEL in Wunschfarbe
(Original in Farbe Nr. 10)
1 lange Rundstricknadel Nr. 3,5–4

Randmaschen: In Hinreihen rechts, in Rückreihen links stricken.
Grundmuster: Laut Strickschrift arbeiten. Es sind nur die Hinreihen gezeichnet. In den Rückreihen alle Maschen stricken, wie sie erscheinen, Umschläge links stricken. Die 1.–20. Reihe 1 x arbeiten, dann die 9.–20. Reihe stets wiederholen.
Die Zunahmen finden durch Umschläge und neu dazu angeschlagene Maschen statt. Beim Neuanschlag der Maschen diese am rechten Rand im Anschluss an die zuvor gestrickte Rückreihe vornehmen. Danach die Arbeit für die folgende Hinreihe wenden. Am Ende der Reihe die Zunahmen nach der vorangegangenen Hinreihe arbeiten und in der 1. Rückreihe links abstricken.

Maschenprobe im Grundmuster: 23 Maschen und 30 Reihen = 10 x 10 cm

So wird's gemacht:

An der unteren Spitze beginnend 7 Maschen anschlagen und 1 Rückreihe rechte Maschen stricken. Dann laut Strickschrift weiterarbeiten. Die Zunahmen durch die Umschläge und die neu angeschlagenen Maschen beidseitig wie eingezeichnet ausführen und systematisch fortsetzen. Innerhalb des Tuches den Mustersatz (MS = grau unterlegte Zeichen in der Strickschrift) stets wiederholen. In der Breite stets mit den Maschen vor dem MS beginnen, den MS stets wiederholen, enden mit den Maschen nach dem MS. Kurz vor Ende des BOBBELs alle Maschen locker (!) abketten.

STRICKSCHRIFT

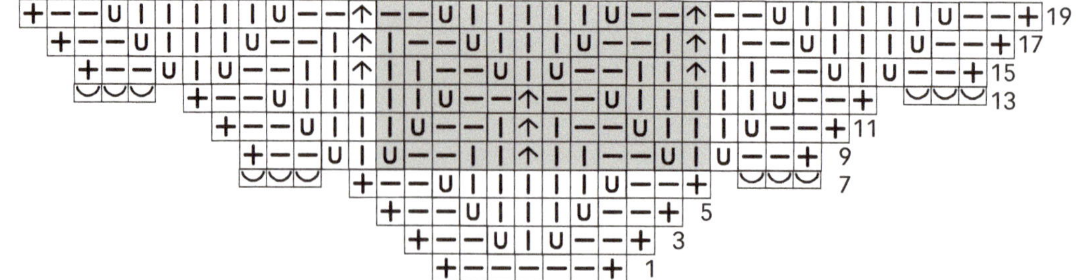

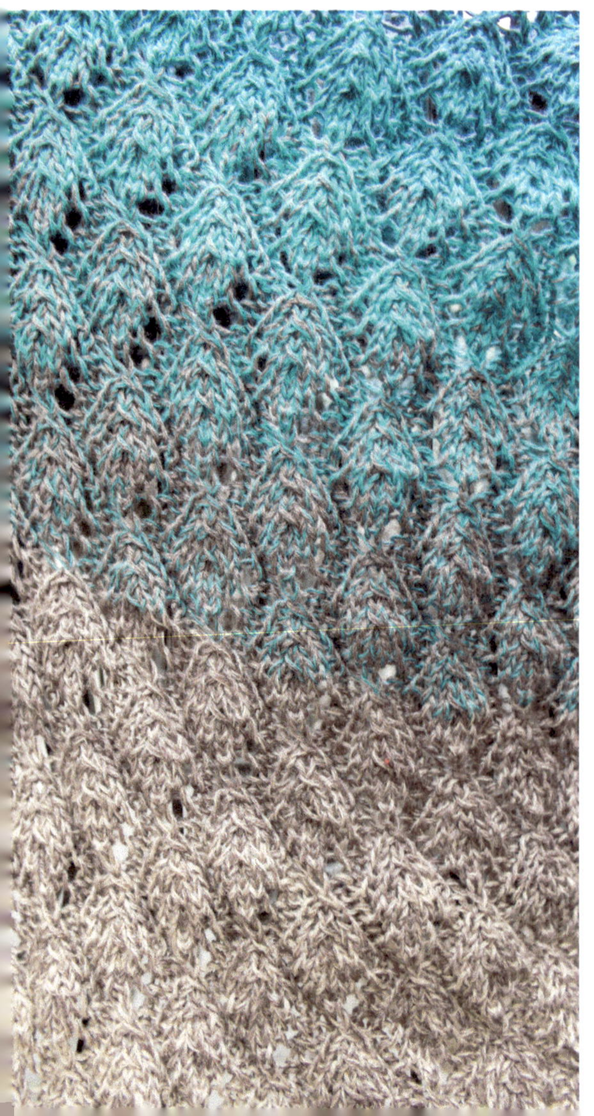

ZEICHENERKLÄRUNG

+ = 1 Randmasche

I = 1 Masche rechts

– = 1 Masche links

U = 1 Umschlag

↑ = 1 doppelter Überzug (= 1 Masche wie zum Rechtsstricken abheben, die folgenden 2 Maschen rechts zusammenstricken, dann die abgehobene Masche darüberziehen = 2 Abnahmen)

◡ = 1 Masche neu dazu anschlagen

TUCH HERZFLATTERN

GRÖSSE: 60 X 270 CM

Randmaschen: In Hinreihen rechts, in Rückreihen links stricken.
Kraus rechts: In Hin- und Rückreihen rechte Maschen stricken.
Glatt rechts: In Hinreihen rechte, in Rückreihen linke Maschen stricken.
Ajourmuster: Hinreihe: 1 Randmasche, * 2 Maschen links zusammenstricken, 1 Umschlag, ab * stets wiederholen, enden mit 1 Randmasche; **Rückreihe:** genauso stricken.

Maschenprobe: 18 Maschen und 27 Reihen = 10 x 20 cm

So wird's gemacht:

288 Maschen anschlagen und in hin- und hergehenden Reihen arbeiten. Zunächst für die **Blende** 7 Reihen kraus rechts stricken, dabei mit 1 Rückreihe beginnen und enden. Anschließend glatt rechts weiterstricken (man beginnt mit einer Hinreihe), dabei verkürzte Reihen arbeiten wie folgt: In der 1. Hinreihe 285 Maschen rechts stricken, dann die Arbeit wenden (die restlichen Maschen bleiben ungestrickt auf der Nadel liegen) und 282 Maschen links zurück stricken (die restlichen Maschen bleiben ungestrickt auf der Nadel liegen). Dann die Arbeit wenden und 279 Maschen rechts stricken. Wieder die Arbeit wenden und 276 Maschen links zurück stricken.

Diesen Vorgang stets wiederholen, bis nur noch 30 Maschen abgestrickt werden (= nach insgesamt 86 verkürzten Reihen). Nun beidseitig aus der seitlichen Kante der Blende jeweils 2 Maschen

MATERIAL

Woolly Hugs BOBBEL-COTTON (50 % Baumwolle, 50 % Polyacryl, Lauflänge ca. 800 m/200 g) von L&K (www.Pro-Lana.de):
1 BOBBEL in Wunschfarbe (Original in Farbe Nr. 20)
1 lange Rundstricknadel Nr. 3,5–4
1 Häkelnadel (zum Abhäkeln der Maschen)

auffassen, so dass nun insgesamt 292 Maschen auf der Nadel liegen.

Anschließend im Ajourmuster weiterarbeiten. Nach 30 Reihen Ajourmuster in der folgenden Reihe aus jedem Umschlag 2 Maschen herausstricken (= 1 Masche rechts und 1 Masche rechts verschränkt) = 437 Maschen.

Über diese Maschen 10 Reihen glatt rechts stricken. Anschließend im Ajourmuster weiterarbeiten, dabei in der 1. Reihe 1 Masche zunehmen, damit das Muster aufgeht (= 438 Maschen).

Nach 29 Reihen Ajourmuster in der 30. Reihe alle Maschen wie folgt abhäkeln:

Mit der Häkelnadel in die Randmasche einstechen, den Faden holen und durchziehen, * 2 Luftmaschen häkeln, den Umschlag fallen lassen und in die folgende Masche einstechen, den Faden holen und durchziehen. Ab * stets wiederholen, bis alle Maschen abgehäkelt sind. Dann noch 1 weitere Abschlussreihe wie folgt häkeln: In jede abgehäkelte Strickmasche 1 feste Masche häkeln und dazwischen jeweils 2 Luftmaschen arbeiten. Danach die Arbeit beenden.

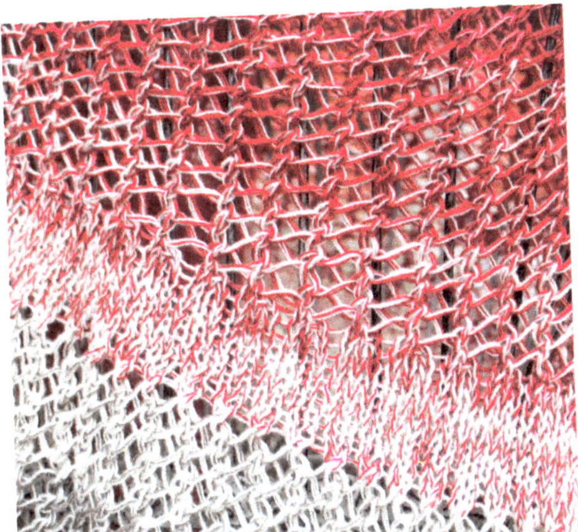

TUCH PFAUENFEDER

GRÖSSE: 200 X 90 CM

Randmaschen: Am Reihenanfang links abheben (Faden vor der Arbeit), am Reihenende rechts stricken.
Kraus rechts: In Hin- und Rückreihen rechte Maschen stricken.
Grundmuster: Laut Strickschrift arbeiten. Es sind nur die Hinreihen gezeichnet. In den Rückreihen, alle Maschen und Umschläge links stricken bzw. wie in der Zeichenerklärung angegeben, kraus rechts gestrickte Maschen rechts stricken.

Maschenprobe im Grundmuster: 17 Maschen und 28 Reihen = 10 x 10 cm

So wird's gemacht:

An der unteren Spitze beginnend 10 Maschen anschlagen und 1 Rückreihe linke Maschen stricken. Dann mit der 1. Reihe der Strickschrift 1 beginnen: 1 Randmasche, 3 Maschen kraus rechts (= rechts stricken), 2 Maschen rechts verschränkt, 3 Maschen kraus rechts, 1 Randmasche. Dann die Arbeit wenden und die 2. Reihe der Strickschrift (sie ist nicht gezeichnet) wie folgt arbeiten: 1 Randmasche, 3 Maschen kraus rechts, 2 Maschen links, 3 Maschen kraus rechts, 1 Randmasche. Wieder die Arbeit wenden und die 3. Reihe laut Strickschrift arbeiten.
Die **1.–22. Reihe** der Strickschrift 1 zunächst 1 x arbeiten.

Dann die **23.–44. Reihe** 1 x arbeiten. Die farbig unterlegten Zeichen in der Strickschrift bilden jeweils die Strickschrift 2. Hier werden in der Hinreihe zunächst nach den 2 zusammengestrickten Maschen 2 Umschläge gearbeitet und anschließend

MATERIAL

Woolly Hugs BOBBEL-COTTON
(50 % Baumwolle, 50 % Polyacryl, Lauflänge ca. 800 m/200 g) von L&K (www.Pro-Lana.de):
1 BOBBEL in Wunschfarbe
(Original in Farbe Nr. 17)
1 lange Rundstricknadel Nr. 3,5–4
1 Häkelnadel (zum Abhäkeln der Maschen)
Maschenmarkierer

1 einfacher Überzug gestrickt. In der Rückreihe dann aus diesen 2 Umschlägen insgesamt 12 Maschen herausstricken (abwechselnd 1 Masche links und 1 Masche rechts). Nach und nach werden dann diese 12 Maschen in den folgenden Hinreihen wieder abgenommen, so dass am Ende wieder nur die 2 Maschen übrig bleiben, die in der Strickschrift 1 farbig unterlegt sind. Die „Auslagerung" der Strickschrift 2 aus der Strickschrift 1 ist aus zeichentechnischen Gründen notwendig, da hier jeweils mehr Maschen zugenommen werden, als in der vorigen Reihe vorhanden waren. Deshalb bleibt so die Übersicht besser bestehen.

Nach 44. Reihen ab Anschlag wie folgt weiterarbeiten, dabei die Mustersätze A und B (MS A und MS B) jeweils markieren:
In der 45. Reihe die **ersten** 8 Maschen der 27. Reihe 1 x stricken. Dann die folgenden 18 Maschen (= MS A) 2 x arbeiten. Dann die 8 Mittelmaschen 1 x und die folgenden 18 Maschen (= MS B) 2 x arbeiten. Anschließend die **letzten** 8 Maschen der 27. Reihe 1 x stricken.
In der 47. Reihe die **ersten** 9 Maschen der 29. Reihe 1 x stricken. Dann die folgenden 18 Maschen 2 x arbeiten. Dann die 10 Mittelmaschen 1 x und die folgenden 18 Maschen 2 x arbeiten. Anschließend die **letzten** 9 Maschen der 29. Reihe 1 x stricken.
In der 49. Reihe die **ersten** 10 Maschen der 31. Reihe 1 x stricken. Dann die folgenden 18 Maschen 2 x arbeiten. Dann die 12 Mittelmaschen 1 x und die folgenden 18 Maschen 2 x arbeiten. Anschließend die **letzten** 10 Maschen der 31. Reihe 1 x stricken.
In der 51. Reihe die **ersten** 11 Maschen der 33. Reihe 1 x stricken. Dann die folgenden 18 Maschen 2 x arbeiten. Dann die 14 Mittelmaschen 1 x und die folgenden 18 Maschen 2 x arbeiten. Anschließend die **letzten** 11 Maschen der 33. Reihe 1 x stricken.
In der 53. Reihe die **ersten** 12 Maschen der 35. Reihe 1 x stricken. Dann die folgenden 18 Maschen 2 x arbeiten. Dann die 16 Mittelmaschen 1 x und die folgenden 18 Maschen 2 x stricken. Anschließend die **letzten** 12 Maschen der 35. Reihe 1 x stricken.

Die **55. Reihe** wie die 37. Reihe arbeiten. Man beginnt mit den 13 Maschen vor der Klammer, arbeitet dann den MS A 2 x, strickt die 18 Mittelmaschen 1 x und arbeitet den MS B 2 x. Danach endet man mit den 13 Maschen nach dem MS B.

Die **57. Reihe** wie die 39. Reihe einteilen, jedoch strickt man vor dem MS A bzw. nach dem MS B jeweils 14 Maschen.

In der **59. Reihe** strickt man jeweils wie in der 41. Reihe 15 Maschen und in der **61. Reihe** wie in der 43. Reihe 16 Maschen.
Danach teilt man die Maschen wieder wie in der 45.–62. Reihe auf, strickt aber den MS jeweils 1 x mehr.

Das Tuch bis zur Wunschgröße arbeiten (beim Original wurden insgesamt 9 Blöcke mit Pfauenfedern gestrickt = 184 Reihen ab Anschlag).

Abhäkeln: Es sollte mit einer 38. oder 40. Reihe der Strickschrift 1 geendet werden. * Mit der Häkelnadel durch 3 Maschen einstechen, den Faden durchholen und 5 Luftmaschen arbeiten, ab * stets wiederholen, bis alle Maschen abgehäkelt sind. Sollte die Zahl der Maschen nicht durch 3 teilbar sein, am Ende der Arbeit 1 oder 2 x nur durch 2 Maschen einstechen.

Fertigstellung: Die Anschlagmaschen mit dem Anfangsfaden zusammenziehen. Tuch leicht spannen, anfeuchten und trocknen lassen.

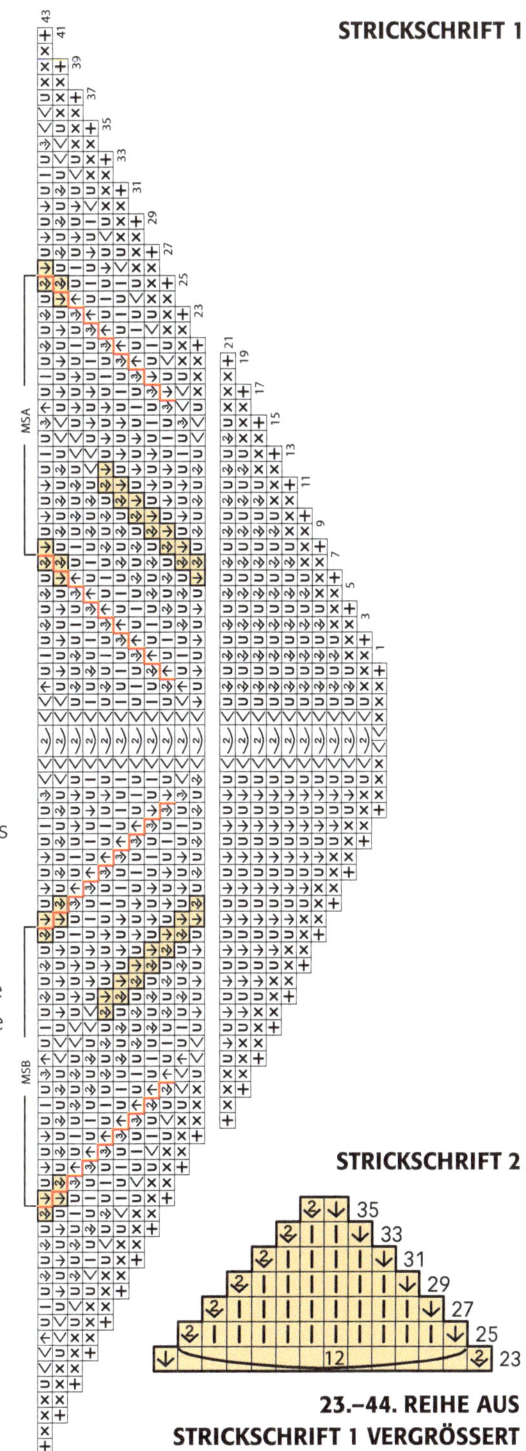

ZEICHENERKLÄRUNG

- ⊞ = 1 Randmasche
- I = 1 Masche rechts
- ☒ = 1 Masche kraus rechts
- U = 1 Umschlag (in der Rückreihe links stricken)
- < = 1 Masche rechts verschränkt
- 2 = 1 Umschlag (in der Rückreihe 1 Masche links und 1 Masche rechts herausstricken)
- 2 = 2 Maschen rechts zusammenstricken (= 1 Abnahme)
- ↓ = 1 einfacher Überzug (= 1 Masche wie zum Rechtsstricken abheben, die folgende Masche rechts stricken, dann die abgehobene Masche darüberziehen = 1 Abnahme)
- 3 = 3 Maschen rechts zusammenstricken (= 2 Abnahmen)
- ↑ = 1 doppelter Überzug (= 1 Masche wie zum Rechtsstricken abheben, die folgenden 2 Maschen rechts zusammenstricken, dann die abgehobene Masche darüberziehen = 2 Abnahmen)
- 12 = 2 Umschläge (in der Rückreihe insgesamt 12 Maschen herausstricken, und zwar abwechselnd 1 Masche links und 1 Masche rechts)

PONCHO MUSTER-DUO

GRÖSSE: 36–44 (46–52)

Hinweis: Die Angaben für Größe 46–52 stehen in Klammern. Ist nur eine Angabe genannt, so gilt diese für beide Größen.

Glatt rechts in Runden: Stets rechte Maschen stricken.
Glatt links in Runden: Stets linke Maschen stricken.
Kraus rechts in Runden: Abwechselnd 1 Runde linke und 1 Runde rechte Maschen stricken.
Zopfstreifen (über 4 Maschen): 1.–4. Runde: glatt rechts; **5. Runde:** 4 Maschen nach rechts verzopfen (= 2 Maschen auf einer Hilfsnadel hinter die Arbeit legen, die folgenden 2 Maschen rechts stricken, dann die Maschen der Hilfsnadel rechts stricken).
Ajourmuster: Die Maschenzahl muss durch 10 teilbar sein. Laut Strickschrift in Runden arbeiten. Es sind nur die ungeraden Runden gezeichnet. In den geraden Runden alle Maschen und Umschläge rechts stricken. Die gezeichneten 10 Maschen und die 1.–12. Runde stets wiederholen.

Maschenprobe glatt links: 18 Maschen und 28 Reihen = 10 x 10 cm

So wird's gemacht:

Am oberen Halsrand beginnend 140 Maschen anschlagen, zur Runde schließen und in folgender Einteilung arbeiten: * 4 Maschen Zopfstreifen, 3 Maschen glatt links, ab * noch 19 x wiederholen. Für die Erweiterung des Ponchos 5 (7) x in jeder 6. Runde innerhalb des Glatt-links-Streifens 1 Masche links verschränkt aus dem Querfaden

MATERIAL

Woolly Hugs BOBBEL-COTTON (50 % Baumwolle, 50 % Polyacryl, Lauflänge ca. 800 m/200 g) von L&K (www.Pro-Lana.de):
1 (2) BOBBEL in Wunschfarbe (Original in Farbe Nr. 18)
1 Rundstricknadel und 1 lange Rundstricknadel Nr. 3,5–4
1 Zopf- oder Hilfsnadel

zunehmen (= 20 Zunahmen pro Runde) = 240 (280) Maschen.
Danach diese Zunahmen noch 1 x in der folgenden 14. Runde und 1 x in der folgenden 20. Runde wiederholen = 280 (320) Maschen.
Hinweis für die größere Größe: Ist der 1. BOBBEL aufgebraucht, den 2. BOBBEL mit der gleichen Farbe anstricken, wie beim 1. BOBBEL geendet wurde.

Nach 40 (48) cm ab Anschlag über alle Maschen 8 Runden kraus rechts stricken. Danach im Ajourmuster weiterarbeiten.

Nach 36 (48) Runden bzw. in beliebiger Länge (ca. in der Mitte des letzten Farbabschnitts des BOBBELs) noch 7 Runden kraus rechts stricken, dann alle Maschen locker rechts abketten.

Fertigstellung: Aus dem Halsausschnittrand (= Anschlagkante) 140 Maschen auffassen und für die Rollblende 11 Runden glatt rechts stricken, dann alle Maschen locker rechts abketten.

STRICKSCHRIFT

I	↓	U	I	I	I	U	2	I	I	11
I	I	↓	U	I	U	2	I	I	I	9
I	I	I	↓	U	I	I	I	I	I	7
I	U	2	I	I	I	↓	U	I	I	5
U	2	I	I	I	I	I	↓	U	I	3
I	I	I	I	I	I	I	I	↓	U	1

ZEICHENERKLÄRUNG

I = 1 Masche rechts

2 = 2 Maschen rechts zusammenstricken

↓ = 1 einfacher Überzug (= 1 Masche wie zum Rechtsstricken abheben, die folgende Masche rechts stricken, dann die abgehobene Masche darüberziehen = 1 Abnahme)

U = 1 Umschlag

LOOP HERBSTZEITLOSE

GRÖSSE: 60 CM HOCH, 130 CM UMFANG

Hinweis: Der Loop wird quer in hin- und hergehenden Reihen mit einer Naht gearbeitet.

Randmaschen: Am Reihenanfang links abheben (Faden vor der Arbeit), am Reihenende rechts stricken.

Grundmuster: Laut Strickschrift arbeiten. Es sind die Hin- und Rückreihen gezeichnet. Das Muster ist so gezeichnet, wie die Maschen auf der Vorderseite der Arbeit erscheinen. Die gezeichneten Maschen 5 x arbeiten. Die 1.–30. Reihe stets wiederholen.

Maschenprobe im Grundmuster: 18 Maschen und 30 Reihen = 10 x 10 cm

So wird's gemacht:

102 Maschen anschlagen und zwischen den Randmaschen im Grundmuster stricken, bis der BOBBEL fast zu Ende ist. Dann alle Maschen abketten.

Fertigstellung: Anschlag- und Abkettkante schließen.

MATERIAL

Woolly Hugs BOBBEL-COTTON
(50 % Baumwolle, 50 % Polyacryl,
Lauflänge ca. 800 m/200 g) von L&K
(www.Pro-Lana.de):
1 BOBBEL in Wunschfarbe
(Original in Farbe Nr. 05)
Stricknadeln Nr. 3,5–4

STRICKSCHRIFT

		I	I	I	I							I	I	I	I					30
		I	I	I	I							I	I	I	I					29
		I	I	I	I							I	I	I	I					28
		I	I	I	I							I	I	I	I					27
I	I			I	I	I	I	I	I	I	I			I	I	I	I	I	I	26
I	I	I	I	I	I	I	I	I	I	I	I	I	I	I	I	I	I	I	I	25
I	I	I	I							I	I	I	I							24
I	I	I	I							I	I	I	I							23
I	I	I	I							I	I	I	I							22
I	I	I	I							I	I	I	I							21
		I	I	I	I	I	I	I	I			I	I	I	I	I	I	I	I	20
I	I	I	I	I	I	I	I	I	I	I	I	I	I	I	I	I	I	I	I	19
I	I							I	I	I	I							I	I	18
I	I							I	I	I	I							I	I	17
I	I							I	I	I	I							I	I	16
I	I							I	I	I	I							I	I	15
I	I	I	I	I	I	I	I			I	I	I	I	I	I	I	I			14
I	I	I	I	I	I	I	I	I	I	I	I	I	I	I	I	I	I	I	I	13
						I	I	I	I							I	I	I	I	12
						I	I	I	I							I	I	I	I	11
						I	I	I	I							I	I	I	I	10
						I	I	I	I							I	I	I	I	9
I	I	I	I	I	I			I	I	I	I	I	I	I	I			I	I	8
I	I	I	I	I	I	I	I	I	I	I	I	I	I	I	I	I	I	I	I	7
				I	I	I	I							I	I	I	I			6
				I	I	I	I							I	I	I	I			5
				I	I	I	I							I	I	I	I			4
				I	I	I	I							I	I	I	I			3
I	I	I	I			I	I	I	I	I	I	I	I			I	I	I	I	2
I	I	I	I	I	I	I	I	I	I	I	I	I	I	I	I	I	I	I	I	1

ZEICHENERKLÄRUNG

□ = Hinreihe: 1 Masche links;
Rückreihe: 1 Masche rechts

[I] = Hinreihe: 1 Masche rechts;
Rückreihe: 1 Masche links

TUCHWESTE ORKAN

Hinweis: Die Angaben für Größe 44–50 stehen in Klammern. Ist nur eine Angabe genannt, so gilt diese für beide Größen.

Glatt rechts: In Hinreihen rechte, in Rückreihen linke Maschen stricken.
Randmaschen: In Hinreihen rechts, in Rückreihen links stricken.
Ajourmuster A: * 1 Umschlag, 1 einfacher Überzug (= 1 Masche wie zum Rechtsstricken abheben, die folgende Masche rechts stricken, dann die abgehobene Masche darüberziehen), ab * stets wiederholen.
Ajourmuster B: * 2 Maschen rechts zusammenstricken, 1 Umschlag, ab * stets wiederholen.

Maschenprobe: 18 Maschen und 26 Reihen = 10 x 10 cm

So wird's gemacht:

An der oberen Kante beginnend 11 Maschen anschlagen und 1 Rückreihe linke Maschen stricken.
1. Reihe: 1 Randmasche, * 1 Masche rechts, 1 Umschlag, ab * noch 7 x wiederholen, enden mit 1 Masche rechts und 1 Randmasche = 19 Maschen;
2. Reihe (und alle weiteren Rückreihen): Alle Maschen und Umschläge links stricken;
3. Reihe: 1 Randmasche, 1 Masche rechts, * 1 Umschlag, 3 Maschen rechts, 1 Umschlag, 1 Masche rechts, ab * noch 3 x wiederholen, enden mit 1 Randmasche = 27 Maschen;
5. Reihe: 1 Randmasche, 1 Masche rechts, * 1 Umschlag, 1 Masche rechts, 1 doppelter Überzug (= 1 Masche wie zum Rechtsstricken abheben, die folgenden 2 Maschen rechts zusammenstricken, dann die abgehobene Masche darüberziehen), 1 Masche rechts, 1 Umschlag,

GRÖSSE: 36–42 (44–50)

MATERIAL

Woolly Hugs BOBBEL-COTTON
(50 % Baumwolle, 50 % Polyacryl, Lauflänge ca. 800 m/200 g) von L&K (www.Pro-Lana.de):
1–2 BOBBEL in Wunschfarbe
(Original in Farbe Nr. 03)
1 lange Rundstricknadel Nr. 3,5–4
2 Maschenmarkierer

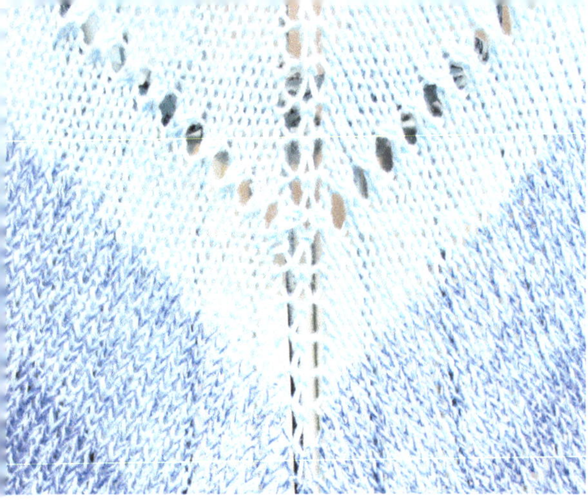

1 Masche rechts, ab * noch 3 x wiederholen, enden mit 1 Randmasche = 27 Maschen;
7. Reihe: 1 Randmasche, 1 Masche rechts, * 1 Umschlag, 5 Maschen rechts, 1 Umschlag, 1 Masche rechts, ab * noch 3 x wiederholen, enden mit 1 Randmasche = 35 Maschen;
9. Reihe: 1 Randmasche, 1 Masche rechts, * 1 Umschlag, 2 Maschen rechts, 1 doppelter Überzug, 2 Maschen rechts, 1 Umschlag, 1 Masche rechts, ab * noch 3 x wiederholen, enden mit 1 Randmasche = 35 Maschen;
11. Reihe: 1 Randmasche, 1 Masche rechts, * 1 Umschlag, 7 Maschen rechts, 1 Umschlag, 1 Masche rechts, ab * noch 3 x wiederholen, enden mit 1 Randmasche = 43 Maschen;
13. Reihe: 1 Randmasche, 1 Masche rechts, * 1 Umschlag, 3 Maschen rechts, 1 doppelter Überzug, 3 Maschen rechts, 1 Umschlag, 1 Masche rechts, ab * noch 3 x wiederholen, enden mit 1 Randmasche = 43 Maschen;
15. Reihe: 1 Randmasche, 1 Masche rechts, * 1 Umschlag, 9 Maschen rechts, 1 Umschlag, 1 Masche rechts, ab * noch 3 x wiederholen, enden mit 1 Randmasche = 51 Maschen;
17. Reihe: 1 Randmasche, 1 Masche rechts, * 1 Umschlag, 4 Maschen rechts, 1 doppelter Überzug, 4 Maschen rechts, 1 Umschlag, 1 Masche rechts, ab * noch 3 x wiederholen, enden mit 1 Randmasche = 51 Maschen;
19. Reihe: 1 Randmasche, 1 Masche rechts, * 1 Umschlag, 11 Maschen rechts, 1 Umschlag, 1 Masche rechts, ab * noch 3 x wiederholen, enden mit 1 Randmasche = 59 Maschen;
21. Reihe: 1 Randmasche, 1 Masche rechts, * 1 Umschlag, 5 Maschen rechts, 1 doppelter Überzug, 5 Maschen rechts, 1 Umschlag, 1 Masche rechts, ab * noch 3 x wiederholen, enden mit 1 Randmasche = 59 Maschen.

Nun in diesem Rhythmus weiterarbeiten (es werden in jeder 2. Hinreihe bzw. in jeder 4. Reihe 8 Maschen zugenommen), so dass …
nach der **23. Reihe** 67 Maschen vorhanden sind;
nach der **27. Reihe** 75 Maschen vorhanden sind;
nach der **31. Reihe** 83 Maschen vorhanden sind;

nach der **35. Reihe** 91 Maschen vorhanden sind;
nach der **39. Reihe** 99 Maschen vorhanden sind;
nach der **43. Reihe** 107 Maschen vorhanden sind;
nach der **47. Reihe** 115 Maschen vorhanden sind;
nach der **51. Reihe** 123 Maschen vorhanden sind;
nach der **55. Reihe** 131 Maschen vorhanden sind.
Es bildet sich ein halber Stern aus 4 Strahlen.

In der **57. Reihe** wird zum ersten Mal ein Ajourstreifen wie folgt gearbeitet: 1 Randmasche, 1 Masche rechts, 1 Umschlag und 1 Masche rechts. * Nun die Maschen bis zum folgenden Überzug der vorigen Reihe im Ajourmuster A stricken. Darauf achten, dass genauso viele Umschläge gearbeitet werden, wie Maschen zusammengestrickt werden. Dann die Masche, die in der vorigen Reihe überzogen zusammengestrickt wurde, rechts abstricken. Danach bis zum Umschlag der vorigen Reihe im Ajourmuster B stricken. Wieder darauf achten, dass sich die Umschläge und zusammengestrickte Maschen genau ausgleichen. Nun mustergemäß wieder 1 Umschlag, 1 Masche rechts und 1 Umschlag arbeiten.
Ab * noch 3 x wiederholen. Enden mit 1 Umschlag, 1 Masche rechts und 1 Randmasche.

Anschließend wieder im bisherigen Rhythmus weiterarbeiten, so dass nach der **59. Reihe** 139 Maschen vorhanden sind.

Nach der **63. Reihe** sind 147 Maschen vorhanden. Nun die Armausschnitte vorbereiten. Die 4 Strahlen teilen sich wie folgt auf: Der 1. Strahl bildet das linke Vorderteil, die folgenden 2 Strahlen das Rückenteil und der letzte Strahl das rechte Vorderteil.

Für die Vorbereitung in der folgenden Rückreihe **(= 64. Reihe)** die 1. und letzte Masche markieren, die zwischen 2 Umschlägen liegt. Nun alle Maschen bis zur 1. Markierung links stricken. Dann aus der markierten Masche insgesamt 4 Maschen herausstricken (1 Masche rechts, 1 Masche links, 1 Masche rechts und 1 Masche links). Dann bis zur letzten Markierung alle Maschen links stricken und aus der markierten Masche wieder 4 Maschen herausstricken.

In der folgenden Hinreihe nun mustergemäß bis zur Markierung stricken und dort die Arbeit teilen. Von den 4 Maschen, die in der Rückreihe aus der markierten Masche herausgestrickt wurden, werden nun 2 Maschen mit 1 Masche rechts und 1 Randmasche abgestrickt. (Sie werden künftig genauso abgestrickt, wie die 2 Maschen der äußeren Kante, so dass sich hier die gleiche Kante bildet.) Dann die Arbeit wenden und die Reihe zurück stricken. Nun über diesen ersten geteilten Strahl das linke Vorderteil über 40 (46) Reihen fortführen. Dann den Faden abschneiden.

Nun die Maschen des Rückenteiles auf die rechte Nadel heben (ohne sie zu stricken). Von den 4 Maschen aus der 2. markierten Masche gehören 2 Maschen zum Rückenteil. Über den folgenden Maschen das rechte Vorderteil über 40 (46) Reihen fortführen. Die ersten 2 Maschen bilden die Randmasche und 1 Masche rechts, so dass hier die Kante genauso gebildet wird, wie an den bisherigen äußeren Kanten.

Anschließend wieder den Faden abschneiden und über den mittleren 2 Strahlen das Rückenteil ebenfalls über 40 (46 Reihen) fortführen. Nun in der folgenden Hinreihe wieder über alle Maschen im Zusammenhang weiterstricken und bei den Markierungen jeweils 4 Maschen rechts zusammenstricken, so dass dort zwischen den beiden Umschlägen wieder nur 1 rechte Masche liegt.
In der folgenden Hinreihe wieder einen Ajourstreifen wie vor dem Armausschnitt beschrieben einarbeiten. Auch hier darauf achten, dass sich die Umschläge mit den zusammengestrickten Maschen ausgleichen.

Im gleichmäßigen Abstand oder nach Wunsch einen oder zwei weitere Ajourstreifen einarbeiten. Kurz vor Ende des BOBBELs nochmal einen Ajourstreifen stricken und in der folgenden Hinreihe alle Maschen rechts abketten.

Tipp: Wer eine stylische Longweste möchte, kann einen 2. BOBBEL im gleichen Rhythmus anstricken. Hier dann den BOBBEL von außen nach innen bzw. umgekehrt abstricken.

SCHAL UNIVERSELL

GRÖSSE: 40 X 180 CM (LEICHT GEDEHNT GEMESSEN)

MATERIAL

Woolly Hugs BOBBEL-COTTON (50 % Baumwolle, 50 % Polyacryl, Lauflänge ca. 800 m/200 g) von L&K (www.Pro-Lana.de):
1 BOBBEL in Wunschfarbe (Original in Farbe Nr. 17)
Stricknadeln Nr. 3,5–5
1 Zopf- oder Hilfsnadel

Randmaschen: Am Reihcnanfang links abheben (Faden vor der Arbeit), am Reihenende rechts stricken.
Kraus rechts: In Hin- und Rückreihen rechte Maschen stricken.
Patentmasche: In der Hinreihe die Masche mit 1 Umschlag links abheben, in der Rückreihe die Masche mit dem Umschlag links zusammenstricken.
Zopfmuster: Die Maschenzahl muss durch 8 teilbar sein. Laut Strickschrift arbeiten. Es sind die Hin- und Rückreihen gezeichnet. Die gezeichneten Maschen und die 1.–10. Reihe stets wiederholen.

Maschenprobe: 22 Maschen und 26 Reihen im Zopfmuster (leicht gedehnt gemessen) = 10 x 10 cm

So wird's gemacht:

82 Maschen anschlagen und in folgender Einteilung arbeiten: 1 Randmasche, 2 Maschen kraus rechts, 1 Patentmasche, 1 Masche kraus rechts, 72 Maschen Zopfmuster, 1 Masche kraus rechts, 1 Patentmasche, 2 Maschen kraus rechts, 1 Randmasche.
In dieser Einteilung arbeiten, bis der BOBBEL fast zu Ende ist, dann alle Maschen locker abketten.

ZEICHENERKLÄRUNG

I = 1 Masche rechts
– = 1 Masche links
2/2 = 4 Maschen nach rechts verzopfen (= 2 Maschen auf 1 Hilfsnadel hinter die Arbeit legen, die folgenden 2 Maschen rechts stricken, dann die Maschen der Hilfsnadel rechts stricken)
MS = Mustersatz

STRICKSCHRIFT

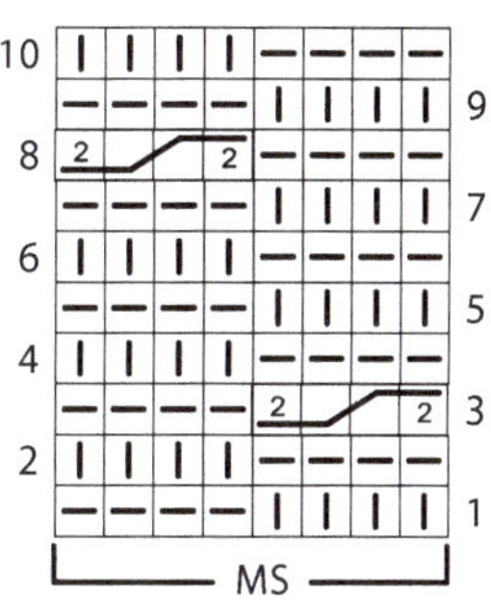

VARIO-LOOP TREND-GUIDE

GRÖSSE: 28 X 180 CM

MATERIAL

Woolly Hugs BOBBEL-COTTON
(50 % Baumwolle, 50 % Polyacryl, Lauflänge ca. 800 m/200 g) von L&K (www.Pro-Lana.de):
1 BOBBEL in Wunschfarbe
(Original in Farbe Nr. 18)
1 Rundstricknadel Nr. 3,5–4
1 Häkelnadel Nr. 4,5 (für die Schleifen-Bänder)
2 Maschenmarkierer

Glatt rechts in Runden: Stets rechte Maschen stricken.
Grundmuster: Laut Strickschrift in Runden arbeiten. Mit der 1. markierten Masche beginnen, dann die 3 Maschen bis zum Mustersatz (MS) A arbeiten. Nun den MS A insgesamt 30 x stricken (= 60 Maschen). Anschließend die 7 Maschen, die zwischen MS A und MS B liegen, 1 x stricken. Nun den MS B insgesamt 30 x stricken (= 60 Maschen) und mit den 3 Maschen vor der 1. markierten Masche enden. Die 1.–12. Runde 1 x stricken. Dann die 11. und 12. Runde noch 11 x wiederholen (= 22 Runden). Diese insgesamt 34 Runden ab Anschlag stets wiederholen.

Maschenprobe glatt rechts: 18 Maschen und 28 Reihen = 10 x 10 cm

So wird's gemacht:

Vorbereiten: Zunächst die 2 Bindebänder mit doppeltem Faden arbeiten. Den 1. Faden beim BOBBEL von innen, den 2. Faden von außen holen. Für jedes Band 80 Luftmaschen anschlagen und mit 80 Kettmaschen behäkeln.

Für den Vario-Loop: 134 Maschen anschlagen, zur Runde schließen und laut Strickschrift arbeiten. Die 1. und 68. Masche markieren und im Grundmuster arbeiten (siehe Pfeile unter der Strickschrift).

Hinweis zum Muster: Rechts und links der 1. markierten Masche wird in jeder 2. Runde 1 Umschlag gearbeitet, und ebenfalls in jeder 2. Runde wird die Masche der 2. Markierung mit der Masche davor und danach überzogen

zusammengestrickt (= doppelter Überzug, siehe Zeichenerklärung). Aufgrund der Zunahmen durch die Umschläge und der Abnahmen durch das Zusammenstricken der Maschen bildet sich eine Schrägung im Muster.

Die 34 Runden des Grundmusters stets wiederholen, bis der BOBBEL fast zu Ende ist. Dann mit der 1.–10. Runde der Strickschrift enden.

Fertigstellung: Die Bänder an beiden Enden jeweils auf Höhe der Markierungen durch 2 Maschen der 2. Runde ziehen und zur Schleife binden.
Der Loop kann wie ein herkömmlicher Loop getragen werden, dafür vor dem Anziehen mit den Armen in den Loop greifen und ihn leicht auseinanderziehen.
Der Loop kann zur Hälfte ineinandergeschoben werden, so dass die beiden spitzen Enden beim Tragen vorne liegen und die Bänder leicht versetzt nebeneinander.
Der Loop kann auch als Schal getragen werden.

STRICKSCHRIFT

I	I	I	I	I	↑	I	I	I	I	I	I	I	U	I	U	I	I	12
I	I	I	I	I	I	I	I	I	I	I	I	I	I	I	I	I	I	11
I	I	I	I	I	↑	I	I	I	I	I	I	I	U	I	U	I	I	10
–	–	–	–	–	–	–	–	–	–	–	–	–	–	I	–	–	–	9
I	I	I	I	I	↑	I	I	I	I	I	I	I	U	I	U	I	I	8
–	–	–	–	–	–	–	–	–	–	–	–	–	–	I	–	–	–	7
I	I	I	I	I	↑	I	I	I	I	I	I	I	U	I	U	I	I	6
↓	U	↓	U	I	I	I	U	2⌄	U	2⌄	U	2⌄	I	I	I	↓	U	5
I	I	I	I	I	↑	I	I	I	I	I	I	I	U	I	U	I	I	4
–	–	–	–	–	–	–	–	–	–	–	–	–	–	I	–	–	–	3
I	I	I	I	I	↑	I	I	I	I	I	I	I	U	I	U	I	I	2
–	–	–	–	–	–	–	–	–	–	–	–	–	–	–	–	–	–	1
MSB					↑				MSA					↑				

ZEICHENERKLÄRUNG

I = 1 Masche rechts

– = 1 Masche links

2⌄ = 2 Maschen rechts zusammenstricken

↓ = 1 einfacher Überzug (= 1 Masche wie zum Rechtsstricken abheben, die folgende Masche rechts stricken, dann die abgehobene Masche darüberziehen = 1 Abnahme)

U = 1 Umschlag

↑ = 1 doppelter Überzug (= 1 Masche wie zum Rechtsstricken abheben, die folgenden 2 Maschen rechts zusammenstricken, dann die abgehobene Masche darüberziehen = 2 Abnahmen)

MS = Mustersatz

SCHULTERWÄRMER FÄCHERSPIEL

GRÖSSE: 1 HALBKREIS MIT CA. 70 CM RADIUS

MATERIAL

Woolly Hugs BOBBEL-COTTON
(50 % Baumwolle, 50 % Polyacryl, Lauflänge ca. 800 m/200 g) von L&K (www.Pro-Lana.de):
1 BOBBEL in Wunschfarbe
(Original in Farbe Nr. 19)
1 Rundstricknadel Nr. 3,5–4
1 Maschenmarkierer
7 Knöpfe

Randmaschen: In Hinreihen rechts, in Rückreihen links stricken.
Glatt rechts: In Hinreihen rechte, in Rückreihen linke Maschen stricken.
Ajourstreifen: Die Maschenzahl muss durch 5 teilbar sein. **Hinreihe:** * 1 Umschlag, 1 einfacher Überzug (siehe Zeichenerklärung), 3 Maschen rechts, ab * stets wiederholen. **Rückreihe:** Linke Maschen stricken.
Blatt-Bordüre: Über zunächst 11 Maschen. Laut Strickschrift arbeiten. Es sind nur die Hinreihen gezeichnet, in den Rückreihe alle Maschen stricken, wie sie erscheinen, die Umschläge links stricken. Die 1.–48. Reihe 1 x arbeiten, dabei verändert sich die Maschenzahl durch die eingezeichneten Zu- und Abnahmen. Leere Kästchen in der Strickschrift haben keine Bedeutung – sie dienen nur der besseren Übersicht.

So wird's gemacht:

An einer Seite beginnend 131 Maschen anschlagen und 1 Rückreihe linke Maschen stricken. Danach wie folgt weiterarbeiten: 1 Randmasche, 1 Masche rechts, 2 Maschen links, 1 Masche rechts, 125 Maschen Ajourstreifen, 1 Randmasche. In der Rückreihe alle Maschen links stricken, bis auf die letzten 3 Maschen vor der Randmasche – diese 2 rechts und 1 Masche links abstricken.
** Danach in folgender Einteilung weiterarbeiten: Über den ersten 11 Maschen die Blatt-Bordüre arbeiten, alle anderen Maschen glatt rechts stricken. Dabei am linken Rand verkürzte Reihen arbeiten. In der 1. Hinreihe bis 5 Maschen vor Reihenende rechte Maschen stricken, dann die Arbeit wenden und 1 Umschlag auf die Nadel legen. Eventuell

in den Umschlag einen Maschenmarkierer einhängen. Dann alle Maschen bis zum Ende der Nadel zurück stricken (über den letzten Maschen die Blatt-Bordüre arbeiten). In der 2. Hinreihe bis 5 Maschen vor dem Umschlag stricken, dann die Arbeit wenden, wieder 1 Umschlag auf die Nadel legen und alle Maschen bis zum Ende der Nadel zurück stricken. Nun in jeder folgenden Hinreihe bis 5 Maschen vor dem Umschlag stricken und dann die Arbeit wenden. Danach 1 Umschlag auf die Nadel legen und alle Maschen bis zum Ende der Nadel zurück stricken. Die 45. Reihe (= vorletzte Hinreihe der Blatt-Bordüre) wieder über alle Maschen arbeiten, dabei die Umschläge mit der Masche danach rechts zusammenstricken, damit keine Löcher entstehen. In der 47. Reihe nach den ersten 5 Maschen wieder einen Ajourstreifen arbeiten.

Anschließend ab ** noch 10 x wiederholen, dabei beim letzten Fächer keinen Ajourstreifen arbeiten. Danach alle Maschen abketten.

Auf die Abkettkante laut Foto die Knöpfe nähen. Sie werden durch den 1. Ajourstreifen geknöpft.

STRICKSCHRIFT

I	I	I	I	I	I	I	−	−					↑	+							47
↓	U	●	I	I	I	I	−	−				2	I	↓	+						45
I	↓	U	●	I	I	I	−	−			2	I	I	I	↓	+					43
I	I	↓	U	●	I	I	−	−		2	I	I	I	I	I	↓	+				41
I	I	I	↓	U	●	I	−	−	I	I	I	U	↑	U	I	I	I	+			39
I	I	I	I	↓	U	●	−	−	I	I	I	U	↑	U	I	I	I	+			37
I	I	I	I	I	↓	U	−	−					9					+	∩	∩	35
I	I	I	↓			5			2	−			<	+							33
I	I	I	I	I	I	I	−	−					↑	+							31
↓	U	●	I	I	I	I	−	−				2	I	↓	+						29
I	↓	U	●	I	I	I	−	−			2	I	I	I	↓	+					27
I	I	↓	U	●	I	I	−	−		2	I	I	I	I	I	↓	+				25
I	I	I	↓	U	●	I	−	−	I	I	I	U	↑	U	I	I	I	+			23
I	I	I	I	↓	U	●	−	−	I	I	I	U	↑	U	I	I	I	+			21
I	I	I	I	I	↓	U	−	−					9					+	∩	∩	19
I	I	I	↓			5			2	−			<	+							17
I	I	I	I	I	I	I	−	−					↑	+							15
↓	U	●	I	I	I	I	−	−				2	I	↓	+						13
I	↓	U	●	I	I	I	−	−			2	I	I	I	↓	+					11
I	I	↓	U	●	I	I	−	−		2	I	I	I	I	I	↓	+				9
I	I	I	↓	U	●	I	−	−	I	I	I	U	↑	U	I	I	I	+			7
I	I	I	I	↓	U	●	−	−	I	I	I	U	↑	U	I	I	I	+			5
I	I	I	I	I	↓	U	−	−					9					+			3
I	I	I	I	I	I	I	−	−					I					+			1

ZEICHENERKLÄRUNG

+ = 1 Randmasche

I = 1 Masche rechts

− = 1 Masche links

U = 1 Umschlag

2 = 2 Maschen rechts zusammenstricken

↓ = 1 einfacher Überzug (= 1 Masche wie zum Rechtsstricken abheben, die folgende Masche rechts stricken, dann die abgehobene Masche darüberziehen = 1 Abnahme)

↑ = 1 doppelter Überzug (= 1 Masche wie zum Rechtsstricken abheben, die folgenden 2 Maschen rechts zusammenstricken, dann die abgehobene Masche darüberziehen = 2 Abnahmen)

5 = aus 1 Masche 5 Maschen herausstricken, und zwar abwechselnd 1 Masche rechts und 1 Umschlag, enden mit 1 Masche rechts

9 = aus 1 Masche 9 Maschen herausstricken, und zwar abwechselnd 1 Masche rechts und 1 Umschlag, enden mit 1 Masche rechts

● = 1 kleine Noppe (aus 1 Masche 3 Maschen herausstricken, und zwar 1 Masche rechts, 1 Masche rechts verschränkt und 1 Masche rechts, dann die ersten 2 Maschen über die 3. Masche ziehen)

< = 1 Masche rechts verschränkt

∩ = 1 Masche abketten

TUCH WEINLESE

GRÖSSE: 205 X 70 CM

Randmaschen: Am Reihenanfang links abheben (Faden vor der Arbeit), am Reihenende rechts stricken.
Glatt rechts: In Hinreihen rechte, in Rückreihen linke Maschen stricken.
Glatt links: In Hinreihen linke, in Rückreihen rechte Maschen stricken.
Patentmuster: Laut Strickschrift arbeiten. Es sind die Hin- und Rückreihen gezeichnet. Die gezeichneten Maschen stets 1 x arbeiten. Die 1.–14. Reihe 1 x arbeiten, dann die 11.–14. Reihe stets wiederholen, dabei die Zunahmen sinngemäß weiterführen.
Netzmuster: 1. Reihe (= Rückreihe): * 2 Maschen links zusammenstricken und beide Maschen auf der linken Nadel lassen. Dann die 1. Masche nochmals links abstricken und nun beide Maschen von der Nadel gleiten lassen, ab * stets wiederholen; **2. Reihe (= Hinreihe):** Rechte Maschen stricken. Die 1. und 2. Reihe stets wiederholen, dabei das Muster in jeder Rückreihe um 1 Masche versetzen und musterbedingt mit 1 linken Masche beginnen bzw. enden.

Maschenprobe glatt rechts: 18 Maschen und 28 Reihen = 10 x 10 cm

So wird's gemacht:

Am Nacken beginnend mit dem Faden aus der Mitte des BOBBELs 5 Maschen anschlagen und die mittlere Masche markieren. Dann laut Strickschrift im Patentmuster weiterarbeiten.
Nach dem 2. Farbwechsel den Faden abschneiden und, den BOBBEL von außen beginnend, für den ersten dunklen Streifen 2 Reihen rechte Maschen

MATERIAL

Woolly Hugs BOBBEL-COTTON
(50 % Baumwolle, 50 % Polyacryl, Lauflänge ca. 800 m/200 g) von L&K (www.Pro-Lana.de):
1 BOBBEL in Wunschfarbe
(Original in Farbe Nr. 02)
1 lange Rundstricknadel Nr. 3,5–4
1 Maschenmarkierer

und 1 Reihe linke Maschen stricken. Dann wieder den BOBBEL von der Innenseite her abstricken und im Netzmuster weiterarbeiten, dabei mit 1 Rückreihe beginnen. Die Zunahmen an der Seite und bei der markierten Mittelmasche wie beim Patentmuster fortführen.

Nach 2 weiteren Farbwechseln für den zweiten dunklen Streifen den BOBBEL von außen her beginnend genauso arbeiten wie den ersten Farbstreifen. Dann wieder den BOBBEL von der Innenseite her abstricken und im Patentmuster weiterarbeiten.

Nach 2 weiteren Farbstreifen den dritten dunklen Streifen wie die ersten zwei Streifen arbeiten. Dann wieder den BOBBEL von der Innenseite her abstricken und im Netzmuster weiterarbeiten, dabei mit 1 Rückreihe beginnen.

Nach 2 weiteren Farbwechseln den vierten dunklen Streifen genauso arbeiten wie die vorigen Streifen. Anschließend abwechselnd 2 Reihen glatt links und 2 Reihen glatt rechts weiterstricken und kurz vor Ende des BOBBELs alle Maschen locker abketten.

ZEICHENERKLÄRUNG

[+] = 1 Randmasche

[I] = 1 Masche rechts

[–] = 1 Masche links

[U] = 1 Umschlag

[U mit Pfeil] = 1 Masche mit 1 Umschlag wie zum Linksstricken abheben

[2 mit Bogen] = 1 Masche mit dem Umschlag links zusammenstricken

STRICKSCHRIFT

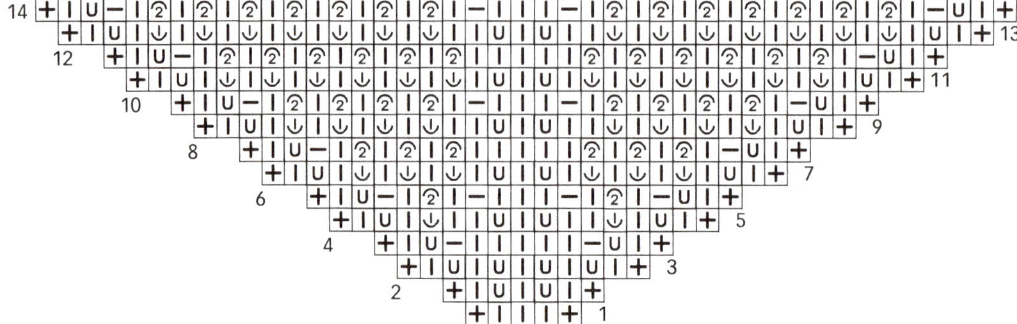

STUFENTUCH ERLEBNIS

GRÖSSE: 180 X 90 CM

Randmaschen: Am Reihenanfang links abheben (Faden vor der Arbeit), am Reihenende rechts stricken.
Kraus rechts: In Hin- und Rückreihen rechte Maschen stricken.
Ajourmuster: 1. Reihe (= Hinreihe): * 2 Maschen rechts zusammenstricken, 1 Umschlag, ab * stets wiederholen; **2. Reihe (= Rückreihe):** linke Maschen; **3. Reihe:** 1 Masche rechts, * 2 Maschen rechts zusammenstricken, 1 Umschlag, ab * stets wiederholen, enden mit 1 Masche rechts; **4. Reihe:** linke Maschen. Die 1.–4. Reihe 4 x arbeiten = 16 Reihen insgesamt.

Maschenprobe im Durchschnitt: 23 Maschen und 40 Reihen = 10 x 10 cm

So wird's gemacht:

An der untersten Stufe beginnend 10 Maschen anschlagen und zwischen den Randmaschen 16 Reihen kraus rechts stricken, dann beidseitig 10 Maschen neu dazu anschlagen. Über diese 30 Maschen wie folgt stricken: 1 Randmasche, 9 Maschen kraus rechts, 10 Maschen Ajourmuster, 9 Maschen kraus rechts, 1 Randmasche.

Nach weiteren 16 Reihen wieder beidseitig 10 Maschen neu dazu anschlagen.

Über diese 50 Maschen wie folgt stricken: 1 Randmasche, 9 Maschen kraus rechts, je 10 Maschen Ajourmuster, kraus rechts und Ajourmuster, 9 Maschen kraus rechts, 1 Randmasche.

MATERIAL

Woolly Hugs BOBBEL-COTTON (50 % Baumwolle, 50 % Polyacryl, Lauflänge ca. 800 m/200 g) von L&K (www.Pro-Lana.de):
1 BOBBEL in Wunschfarbe (Original in Farbe Nr. 16)
Stricknadeln Nr. 3,5–4

Nach weiteren 16 Reihen wieder beidseitig 10 Maschen neu dazu anschlagen. Über diese 70 Maschen wie folgt stricken: 1 Randmasche, 9 Maschen kraus rechts, je 10 Maschen Ajourmuster, kraus rechts, Ajourmuster, kraus rechts und Ajourmuster, 9 Maschen kraus rechts, 1 Randmasche.

In diesem Rhythmus fortfahren und jeweils nach 16 Reihen beidseitig 10 Maschen zunehmen.

In Wunschgröße oder wenn der BOBBEL zu Ende ist, alle Maschen locker abketten.

TUCH WINDFANG

GRÖSSE: 230 X 55 CM

MATERIAL

Woolly Hugs BOBBEL-COTTON
(50 % Baumwolle, 50 % Polyacryl, Lauflänge ca. 800 m/200 g) von L&K
(www.Pro-Lana.de):
1 BOBBEL in Wunschfarbe
(Original in Farbe Nr. 08)
1 lange Rundstricknadel Nr. 3,5–4
1 Häkelnadel Nr. 3,5

Randmaschen: In Hinreihen rechts, in Rückreihen links stricken.
Grundmuster: Laut Strickschrift 1 arbeiten. Es sind nur die Hinreihen gezeichnet. In den Rückreihen alle Maschen und Umschläge links stricken. Die 1.–24. Reihe 1 x arbeiten, dann die 9.–24. Reihe stets wiederholen.

Maschenprobe im Grundmuster: 18 Maschen und 30 Reihen = 10 x 10 cm

So wird's gemacht:

Am Nacken beginnend 6 Maschen anschlagen und 1 Rückreihe linke Maschen stricken. Dann laut Strickschrift 1 weiterarbeiten. Nach den ersten 24 Reihen sind 73 Maschen in Arbeit. Die Zunahmen durch die Umschläge beidseitig wie eingezeichnet ausführen und systematisch fortsetzen. Innerhalb des Tuches den Mustersatz (MS = grau unterlegte Zeichen in der Strickschrift) stets wiederholen. In der Breite stets mit den Maschen vor dem MS beginnen, den MS stets wiederholen, enden mit den Maschen nach dem MS. Nach 136 Reihen ab Anschlag mit der Bordüre laut Strickschrift 2 fortfahren. Auch hier in den Rückreihen alle Maschen und Umschläge links stricken.

Die Strickschrift 2 erstreckt sich nur über einen MS der Strickschrift 1. Vor dem MS alle Maschen in den Hinreihen rechts und in den Rückreihen links stricken. Die Zunahmen weiterhin mit einarbeiten. Der Übersichtlichkeit wegen sind die rechten Maschen in Strickschrift 1 mit leeren Kästchen dargestellt.
Nun also in den folgenden 16 Reihen die Maschen

STRICKSCHRIFT 1

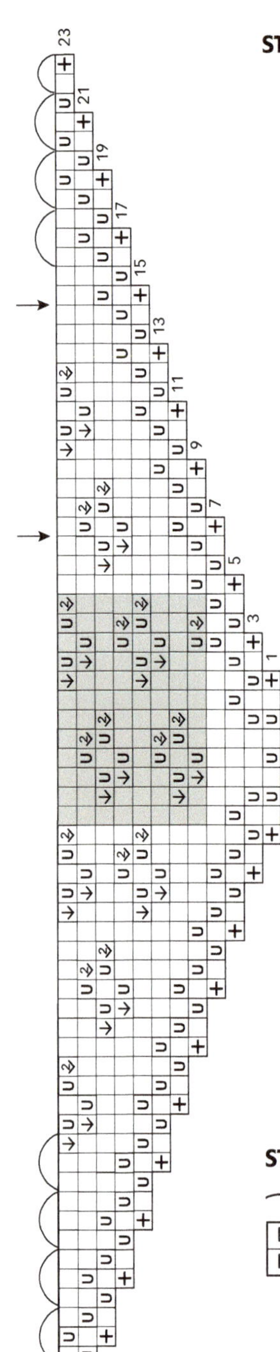

bis zum ersten roten Pfeil stricken, dann Strickschrift 2 wiederholen und gegengleich enden.

Abhäkeln: Nach 16 Reihen Bordürenhöhe alle Maschen abhäkeln. Hierfür stets 3 Maschen zusammen auf die Häkelnadel nehmen und zusammen abhäkeln. * Anschließend 4 lockere Luftmaschen häkeln und die folgenden 3 Maschen zusammen abhäkeln. Ab * stets bis zum Ende der Reihe wiederholen.

Fertigstellung: Das Tuch spannen, anfeuchten und trocknen lassen.

ZEICHENERKLÄRUNG

- I = 1 Masche rechts
- + = 1 Randmasche
- □ = 1 Masche rechts
- U = 1 Umschlag
- ⤥ = 2 Maschen rechts zusammenstricken
- ↓ = 1 einfacher Überzug (= 1 Masche wie zum Rechtsstricken abheben, die folgende Masche rechts stricken, dann die abgehobene Masche darüberziehen = 1 Abnahme)

MS = Mustersatz

STRICKSCHRIFT 2

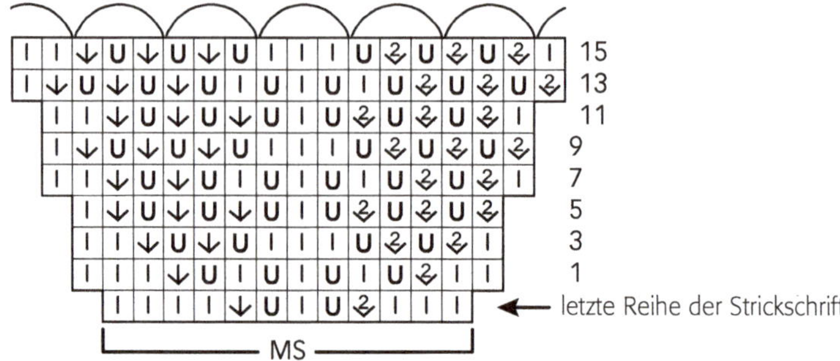

STOLA PERLENTAUCHER

GRÖSSE: 40 X 220 CM

MATERIAL

Woolly Hugs BOBBEL-COTTON
(50 % Baumwolle, 50 % Polyacryl,
Lauflänge ca. 800 m/200 g) von L&K
(www.Pro-Lana.de):
1 BOBBEL in Wunschfarbe
(Original in Farbe Nr. 01)
1 Stricknadel Nr. 3,5–4

Randmaschen: Am Reihenanfang links abheben (Faden vor der Arbeit), am Reihenende rechts stricken.
Kraus rechts: In Hin- und Rückreihen rechte Maschen stricken.
Patentmasche: In der Hinreihe die Masche mit 1 Umschlag links abheben, in der Rückreihe die Masche mit dem Umschlag links zusammenstricken.
Glatt links: In Hinreihen linke, in Rückreihen rechte Maschen stricken.
Grundmuster: Die Maschenzahl muss durch 18 teilbar sein. Laut Strickschrift arbeiten. Es sind nur die Hinreihen gezeichnet, in den Rückreihen alle Maschen und Umschläge links stricken.
Mit den 9 Maschen vor dem Mustersatz (MS) beginnen, den MS stets wiederholen, enden mit den 9 Maschen nach dem MS. Die 1.–36. Reihe stets wiederholen.

Maschenprobe glatt rechts: 18 Maschen und 28 Reihen = 10 x 10 cm

So wird's gemacht:

68 Maschen anschlagen und für die Blende 5 Reihen kraus rechts stricken. Danach in folgender Einteilung arbeiten: 1 Randmasche, 2 Maschen kraus rechts, 1 Patentmasche, 2 Maschen glatt links, 54 Maschen Grundmuster, 2 Maschen glatt links, 1 Patentmasche, 2 Maschen kraus rechts, 1 Randmasche.
In dieser Einteilung stricken, bis der BOBBEL fast zu Ende ist, aber noch genügend Garn für die Abschlussblende übrig ist. Nun für die Blende nochmals 4 Reihen kraus rechts stricken, dann alle Maschen locker rechts abketten.

STRICKSCHRIFT

35 33 31 29 27 25 23 21 19 17 15 13 11 9 7 5 3 1

12

12

12

MS

ZEICHENERKLÄRUNG

I = 1 Masche rechts

< = 1 Masche rechts verschränkt

U = 1 Umschlag

= 2 Maschen rechts zusammenstricken

↓ = 1 einfacher Überzug (= 1 Masche wie zum Rechtsstricken abheben, die folgende Masche rechts stricken, dann die abgehobene Masche darüberziehen = 1 Abnahme)

↑ = 1 doppelter Überzug (= 1 Masche wie zum Rechtsstricken abheben, die folgenden 2 Maschen rechts zusammenstricken, dann die abgehobene Masche darüberziehen = 2 Abnahmen)

= 3 Maschen rechts zusammenstricken

■ = keine Bedeutung – dient der besseren Übersicht

12 = Hinreihe: 2 Umschläge; Rückreihe: aus diesen 2 Umschlägen insgesamt 12 Maschen herausstricken – abwechselnd 1 Masche links, 1 Masche rechts

PONCHO KUSCHELALARM

EINHEITSGRÖSSE

MATERIAL

Woolly Hugs BOBBEL-MERINO
(100 % Schurwolle, Lauflänge ca. 700 m/
200 g) von L&K (www.Pro-Lana.de):
2 BOBBEL in Wunschfarbe
(Original in Farbe Nr. 101)
1 Rundstricknadel Nr. 3,5–4

Randmaschen: In Hinreihen rechts, in Rückreihen links stricken.
Grundmuster: Die Maschenzahl muss durch 13 teilbar sein, plus 2 zusätzliche Maschen, damit das Muster rechts und links aufgeht, plus 2 Randmaschen. Laut Strickschrift arbeiten. Es sind die Hin- und Rückreihen gezeichnet. Mit den 3 Maschen vor dem Mustersatz (MS) beginnen, den MS stets wiederholen, enden mit der Randmasche nach dem MS. Die 1.–10. Reihe stets wiederholen.

Maschenprobe im Grundmuster: 23 Maschen und 28 Reihen = 10 x 10 cm

So wird's gemacht:

Der Poncho besteht aus 2 Rechtecken. Für das 1. Rechteck 134 Maschen anschlagen und im Grundmuster stricken, bis der BOBBEL fast zu Ende ist bzw. die gewünschte Größe erreicht ist. Das Rechteck hat eine Breite von ca. 60 cm und eine Höhe von 85 cm. Danach alle Maschen locker abketten.

Das **2. Rechteck** genauso arbeiten.

Fertigstellung: Die Teile laut Zeichen im Schnitt zusammennähen.

STRICKSCHRIFT

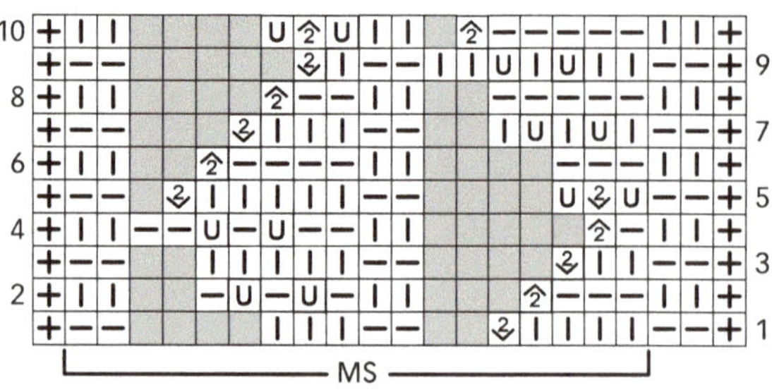

ZEICHENERKLÄRUNG

- ⊞ = 1 Randmasche
- ⎕ = 1 Masche rechts
- ⊟ = 1 Masche links
- U = 1 Umschlag
- ⩔ = 2 Maschen rechts zusammenstricken
- ⩓ = 1 einfacher Überzug (= 1 Masche wie zum Rechtsstricken abheben, die folgende Masche rechts stricken, dann die abgehobene Masche darüberziehen = 1 Abnahme)
- ■ = keine Bedeutung – dient der besseren Übersicht
- MS = Mustersatz

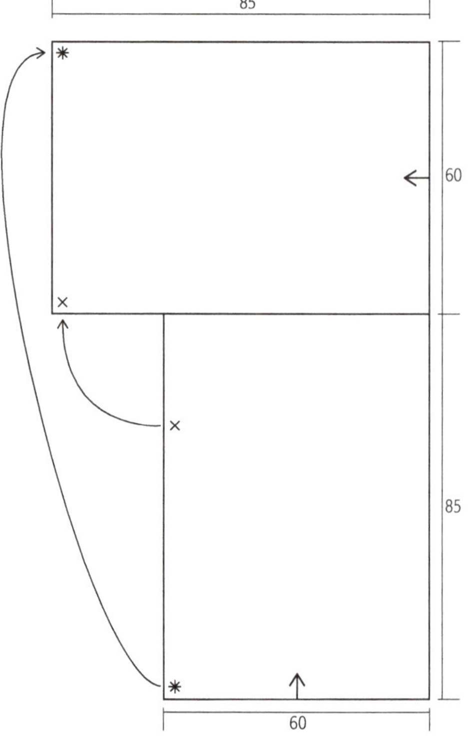

TUCH QUERDENKER

GRÖSSE: 180 X 70 CM

MATERIAL

Woolly Hugs BOBBEL-MERINO (100 % Schurwolle, Lauflänge ca. 700 m/ 200 g) von L&K (www.Pro-Lana.de):
2 BOBBEL in Wunschfarbe (Original in Farbe Nr. 102)
1 lange Rundstricknadel Nr. 3,5–4
1 Häkelnadel Nr. 4

Hinweis: Der Original-BOBBEL hat 11 Farbabstufungen.

Randmaschen: In Hinreihen rechts, in Rückreihen links stricken.
Grundmuster: Laut Strickschrift 1 und 2 arbeiten. Es sind die Hin- und Rückreihen gezeichnet. Die 1.–36. Reihe 1 x arbeiten, dann die 19.–36. Reihe stets wiederholen.

Maschenprobe im Grundmuster: 18 Maschen und 30 Reihen = 10 x 10 cm

So wird's gemacht:

An der im Tragen rechten seitlichen Spitze beginnend 4 Maschen anschlagen und laut Strickschrift 1 weiterarbeiten. Die Zunahmen durch die verschränkt aus dem Querfaden herausgestrickten Maschen am linken Rand wie eingezeichnet ausführen und systematisch fortsetzen. Innerhalb der Reihen den Mustersatz (MS = farbig unterlegte Zeichen in der Strickschrift) stets wiederholen. In der Breite stets mit der Randmasche vor dem MS beginnen, den MS stets wiederholen, enden mit den Maschen nach dem MS. Wenn etwa die Hälfte des BOBBELs verstrickt ist (man kann den BOBBEL abwiegen oder sich an den Farbabstufungen orientieren), möglichst nach einer 36. Reihe der Strickschrift, mit den Abnahmen am linken Rand beginnen. Dafür zunächst die 37.–60. Reihe der Strickschrift 2 stets wiederholen, bis nur noch 8 Maschen vorhanden sind. Anschließend die 61.–70. Reihe 1 x arbeiten, dann alle Maschen abketten.

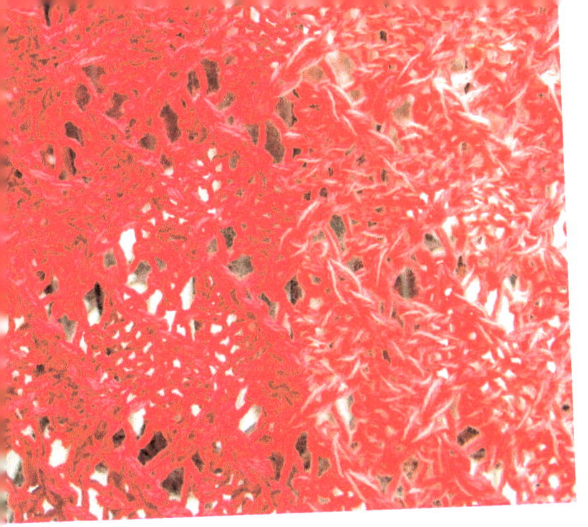

Fertigstellung: Aus 3-fachem Garn an jede Spitze ca. 5 cm lange Luftmaschenketten häkeln, dann den Faden durchziehen und auf eine Länge von ca. 20 cm abschneiden. Aus dem restlichen Garn laut Foto Quasten anfertigen und je 1 Quaste an eine Luftmaschenkette nähen.

ZEICHENERKLÄRUNG

- [+] = 1 Randmasche
- [I] = 1 Masche rechts
- [–] = 1 Masche links
- [U] = 1 Umschlag
- [2 re zus.] = 2 Maschen rechts zusammenstricken
- [2 li zus.] = 2 Maschen links zusammenstricken
- [2 li verschr. zus.] = 2 Maschen links verschränkt zusammenstricken
- [↓] = 1 einfacher Überzug (= 1 Masche wie zum Rechtsstricken abheben, die folgende Masche rechts stricken, dann die abgehobene Masche darüberziehen = 1 Abnahme)
- [⊍] = 1 Masche rechts verschränkt aus dem Querfaden herausstricken

STRICKSCHRIFT 2

STRICKSCHRIFT 1

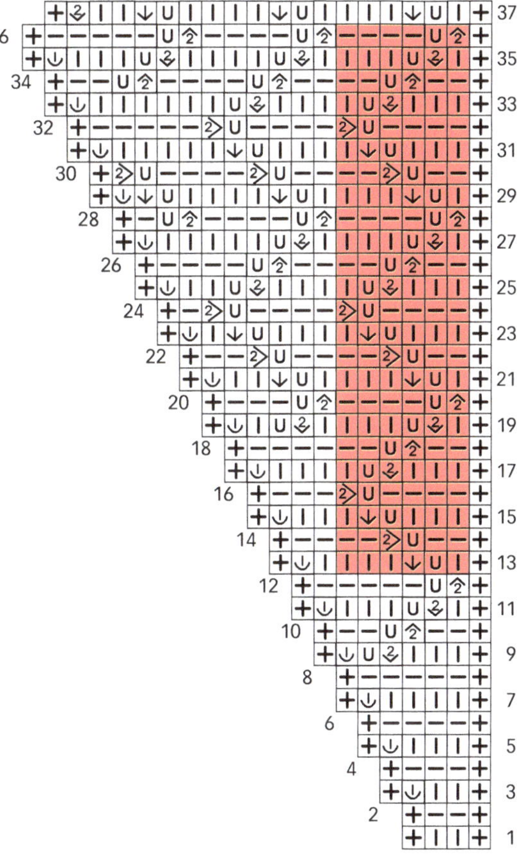

TUCH TIEFENSEE

GRÖSSE: 190 X 85 CM

Randmaschen: In Hinreihen rechts, in Rückreihen links stricken.
Kraus rechts: In Hin- und Rückreihen rechte Maschen stricken.
Grundmuster: Laut Strickschrift arbeiten. Es sind nur die Hinreihen gezeichnet, in den Rückreihen alle Maschen zwischen den Randmaschen links stricken, die kraus rechten Maschen jedoch rechts stricken.

Maschenprobe: 10 Maschen und 18 Reihen = 10 x 10 cm (locker stricken!)

So wird's gemacht:

7 Maschen anschlagen und laut Strickschrift arbeiten. Zunächst mit der 1. Reihe der Strickschrift beginnen wie folgt: 1 Randmasche, 5 Maschen rechts, 1 Randmasche.

Dann in der 2. Reihe wie folgt stricken: 1 Randmasche, 2 Maschen rechts, 1 Masche links, 2 Maschen rechts, 1 Randmasche.

Nun laut Strickschrift fortfahren. Die Zunahmen wie eingezeichnet ausführen. Die blauen Zahlen ganz rechts außen zeigen an, wie viele Maschen sich nach dem Stricken dieser Reihe auf der Nadel befinden – so ist stets eine Kontrolle möglich. Ab der 11. Reihe ist ein Mustersatz (MS) eingezeichnet (= rosa unterlegte Zeichen). Die Zahl vor dem MS zeigt an, wie oft dieser zu stricken ist.

Zum besseren Verständnis erkläre ich hier die 11. Reihe: Man beginnt mit 1 Randmasche, dann 2 Maschen rechts, 1 verschränkte Masche,

MATERIAL

Woolly Hugs BOBBEL-MOHAIR
(15 % Mohair, 85 % Polyamid,
Lauflänge ca. 420 m/150 g) von L&K
(www.Pro-Lana.de):
1 BOBBEL in Wunschfarbe
(Original in Farbe Nr. 206)
1 lange Rundstricknadel Nr. 5–6
1 Häkelnadel Nr. 5

1 Umschlag; nun beginnt der MS: 7 x (1 Masche rechts, 1 Umschlag, 1 verschränkte Masche und 1 Umschlag) stricken – man strickt hier also insgesamt 14 Maschen ab (7 x 2) und nimmt jeweils 14 Maschen zu (7 x 2 Umschläge). Nach dem MS dann enden mit 1 Masche rechts, 1 Umschlag, 1 Masche rechts verschränkt, 2 Maschen kraus rechts, 1 Randmasche. Auf diese Weise sinngemäß bis zur 112. Reihe fortfahren.

Abhäkeln: Nach 116 Reihen ab Anschlag die Maschen wie folgt abhäkeln: Jeweils die am oberen Rand der Strickschrift mit Bogen zusammengefassten Maschen auf die Häkelnadel nehmen und mit 1 Kettmasche zusammen abhäkeln, dabei zwischen den einzelnen zusammengefassten Maschen so viele Luftmaschen häkeln, wie die Zahlen über dem Bogen angeben.

ZEICHENERKLÄRUNG

[+] = 1 Randmasche (Hinreihe rechts, Rückreihe links abstricken)

[I] = 1 Masche rechts

[x] = 1 Masche kraus rechts

[U] = 1 Umschlag

[<] = 1 Masche rechts verschränkt

[2] = 2 Maschen rechts zusammenstricken

[↓] = 1 einfacher Überzug (= 1 Masche wie zum Rechtsstricken abheben, die folgende Masche rechts stricken, dann die abgehobene Masche darüberziehen = 1 Abnahme)

[↑] = 1 doppelter Überzug (= 1 Masche wie zum Rechtsstricken abheben, die folgenden 2 Maschen rechts zusammenstricken, dann die abgehobene Masche darüberziehen = 2 Abnahmen)

[3] = aus 1 Masche insgesamt 3 Maschen herausstricken, und zwar 1 Masche rechts, 1 Umschlag und 1 Masche rechts (in der Rückreihe alle 3 Maschen links stricken)

[3] = 3 Maschen rechts zusammenstricken

[<5] = 5 Maschen zusammenstricken (= 2 Maschen zusammen abheben, die folgenden 3 Maschen rechts zusammenstricken, dann die 2 abgehobenen Maschen darüberziehen)

STRICKSCHRIFT

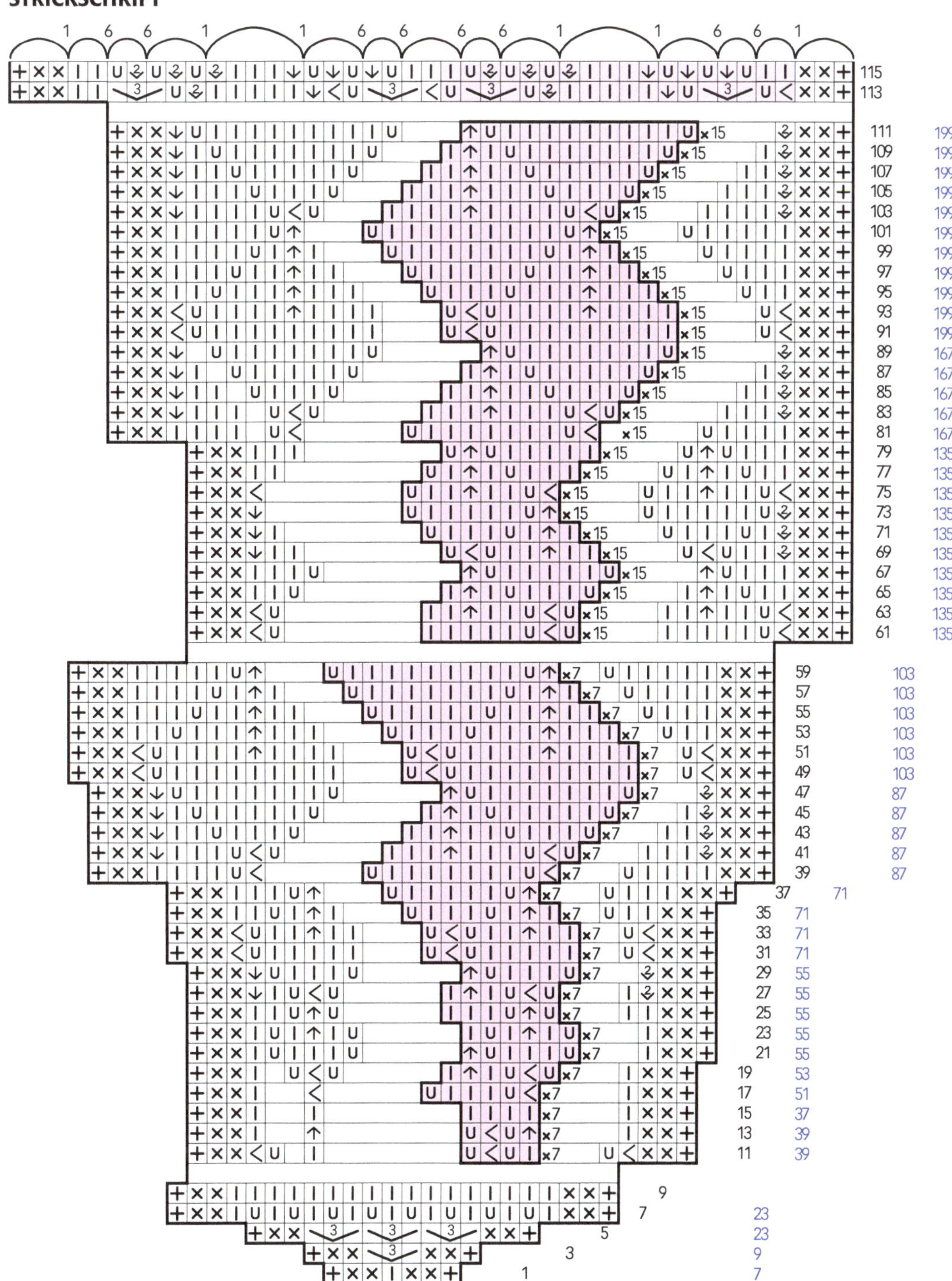

TUCH ZACKENSPIEL

GRÖSSE: 85 X 180 CM

MATERIAL

Woolly Hugs BOBBEL-MOHAIR (15 % Mohair, 85 % Polyamid, Lauflänge ca. 420 m/150 g) von L&K (www.Pro-Lana.de):
1 BOBBEL in Wunschfarbe (Original in Farbe Nr. 202)
1 lange Rundstricknadel Nr. 5–6

Randmaschen: In Hinreihen rechts, in Rückreihen links stricken.
Grundmuster: Laut Strickschrift arbeiten. Es sind die Hin- und Rückreihen gezeichnet. Mit den Maschen vor dem Mustersatz (MS) beginnen, den MS stets wiederholen, enden mit den Maschen nach dem MS.

Maschenprobe: 10 Maschen und 18 Reihen = 10 x 10 cm (locker stricken!)

So wird's gemacht:

5 Maschen anschlagen und laut Strickschrift arbeiten. Zunächst mit der 1. Reihe der Strickschrift beginnen wie folgt: 1 Randmasche, 3 Maschen rechts, 1 Randmasche. Die 2. Reihe wie folgt stricken: 1 Randmasche, 1 Masche verschränkt aus dem Querfaden zunehmen, 3 Maschen links, 1 Masche verschränkt aus dem Querfaden zunehmen, 1 Randmasche = 7 Maschen.

Nun laut Strickschrift bis zur 20. Reihe fortfahren. Die Zunahmen beidseitig wie eingezeichnet ausführen. Ab der 13. Reihe ist ein MS eingezeichnet (= farbig unterlegte Zeichen in der Strickschrift).

Nach der 20. Reihe ab Anschlag die 13.–20. Reihe stets wiederholen, dabei den MS innerhalb der Reihe entsprechend oft arbeiten.

Das Muster bis kurz vor Ende des BOBBELs arbeiten, so dass noch genügend Garn zum Abketten vorhanden ist. Danach alle Maschen sehr locker abketten, dabei darauf achten, dass die Abkettkante nicht spannt.

Hinweis: Wer das Tuch flacher und breiter haben möchte, arbeitet jeweils in allen Hin- und Rückreihen eine Zunahme und fügt die zugenommenen Maschen entsprechend in das Muster ein.

STRICKSCHRIFT

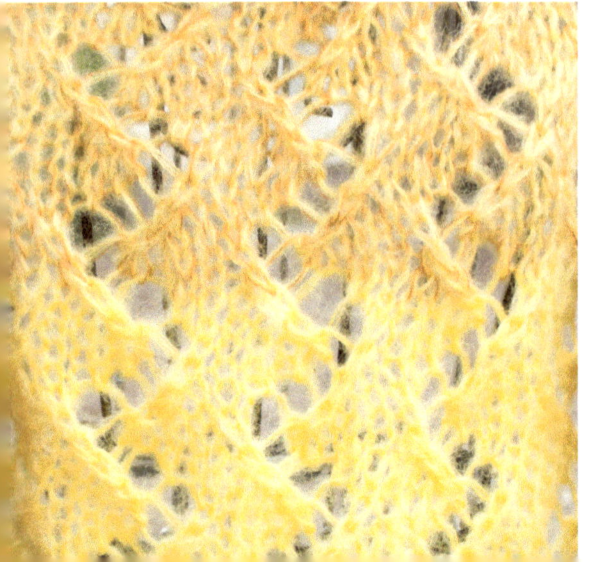

ZEICHENERKLÄRUNG

- + = 1 Randmasche
- I = 1 Masche rechts
- – = 1 Masche links
- U = 1 Umschlag
- = 2 Maschen rechts zusammenstricken
- = 2 Maschen links zusammenstricken
- = 2 Maschen links verschränkt zusammenstricken
- = 1 einfacher Überzug (= 1 Masche wie zum Rechtsstricken abheben, die folgende Masche rechts stricken, dann die abgehobene Masche darüberziehen = 1 Abnahme)
- = 1 Masche verschränkt aus dem Querfaden zunehmen

STRICK-SCHULE

MASCHENANSCHLAG

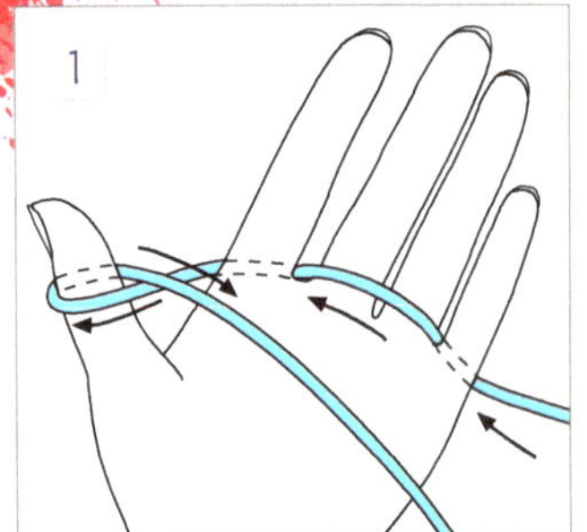

Das Fadenende zwischen kleinem und Ringfinger von außen nach innen führen, zwischen Mittel- und Zeigefinger nach außen holen und von vorne um den Daumen legen.

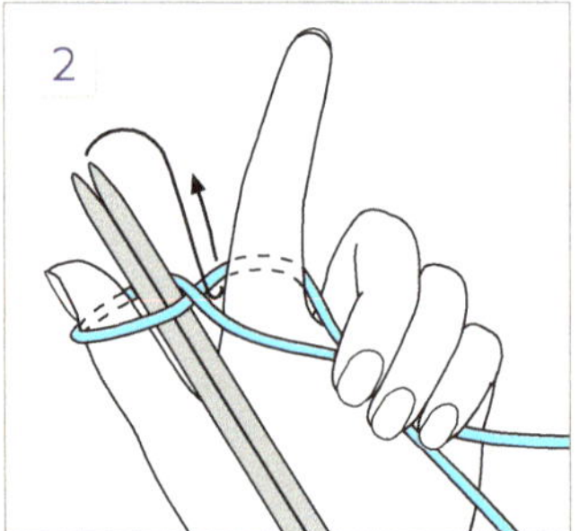

Mit 2 Nadeln die Daumeschlinge erfassen. Dann mit den Nadeln die Zeigefingerschlinge des Fadens erfassen. Die Zeigefingerschlinge durch die Daumenschlinge holen.

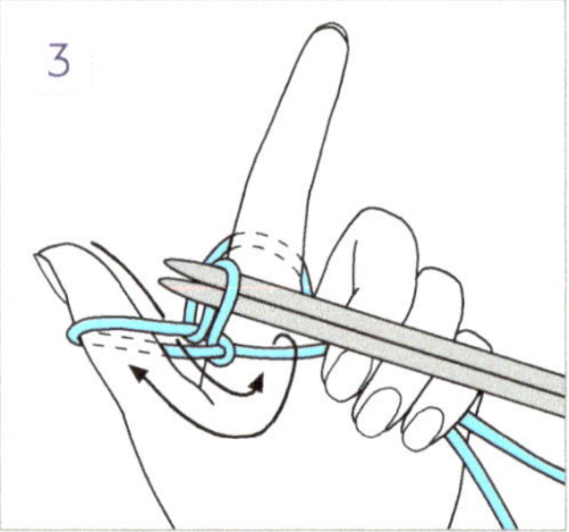

Den Daumen aus der Schlinge ziehen, unter den vorderen Faden führen und mit dem Daumen die Schlinge festziehen. Die 2. Nadel nach gewünschter Maschenzahl herausziehen.

ANSCHLAG IN RUNDEN

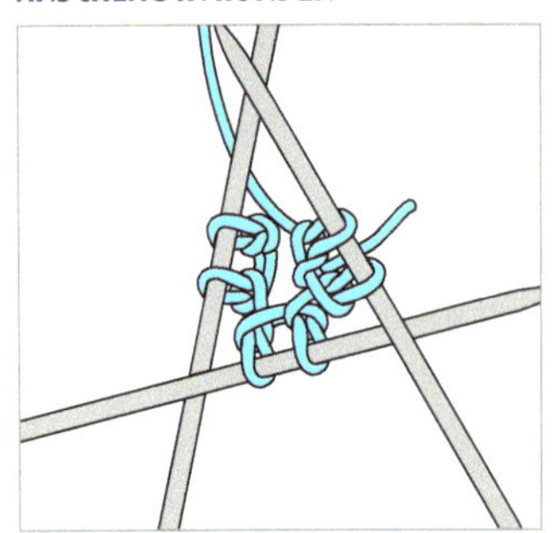

Je 2 Maschen anschlagen und auf 3 Nadeln zur Runde schließen. Die unteren Kanten aller Maschen weisen nach innen. Das Fadenende zeigt den Rundenanfang an, evtl. zusätzlich mit einem andersfarbigen Faden markieren.

RECHTE MASCHE

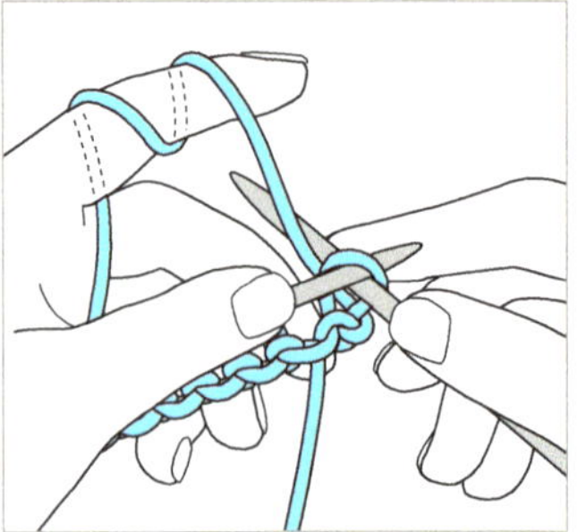

Der Faden liegt hinter der linken Nadel. Mit der rechten Nadel von rechts nach links in die Masche einstechen, den Faden mit der rechten Nadel fassen und durch die Masche ziehen. Die Masche von der linken Nadel gleiten lassen.

LINKE MASCHE

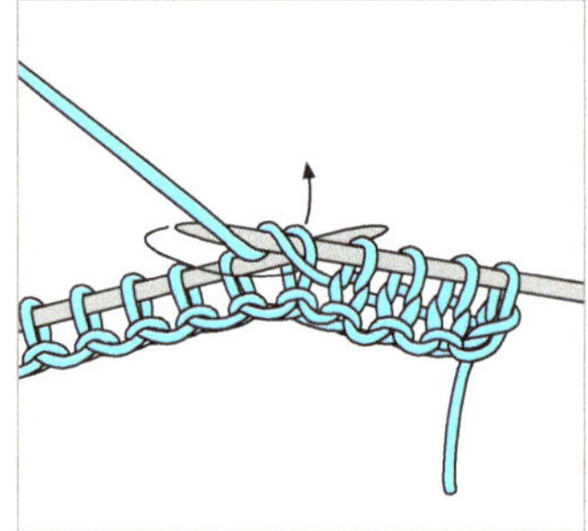

Der Faden liegt vor der linken Nadel. Mit der rechten Nadel von rechts nach links in die Masche einstechen. Den Faden von vorn nach hinten um die Nadelspitze schlingen und durch die Masche holen. Die Masche von der linken Nadel gleiten lassen.

MASCHEN DAZU ANSCHLAGEN

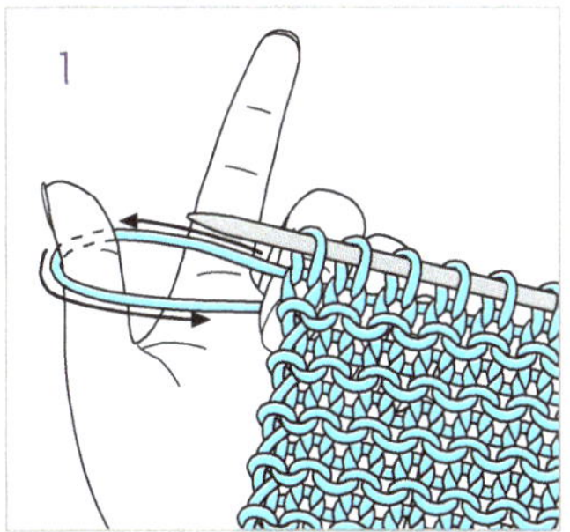

Den Faden von der Nadel kommend von hinten nach vorn um den Daumen legen, mit Mittel-, Ring- und kleinem Finger etwas festhalten.

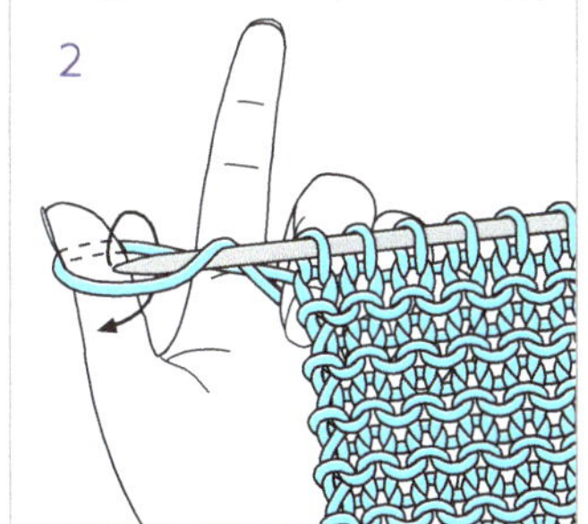

Mit der rechten Nadel von vorn nach hinten in die Schlinge stechen und den hinteren Faden fassen.

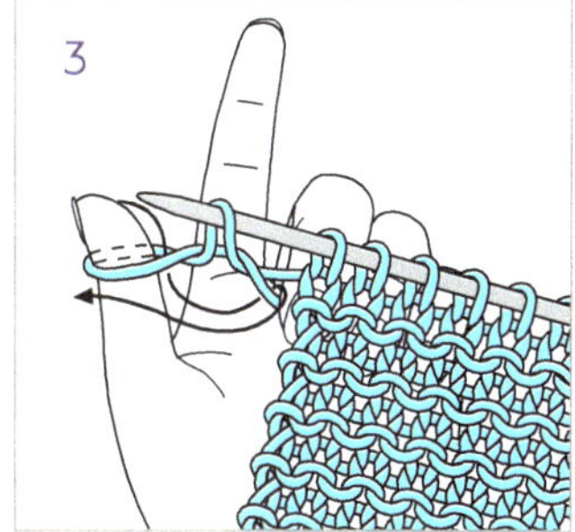

Den Faden zur Schlinge durchziehen, den Daumen aus der Schlinge nehmen und den Faden anziehen, sodass eine neue Masche entsteht.

MASCHEN RECHTS ZUSAMMENSTRICKEN

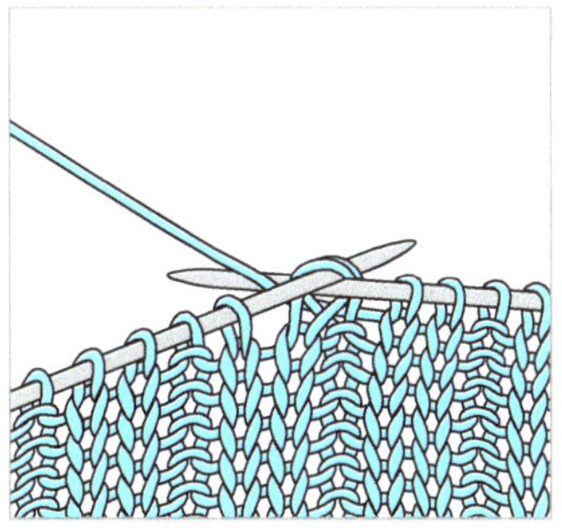

Den Faden hinter die Arbeit legen. Mit der rechten Nadel von links nach rechts durch beide Maschen stechen, den Faden durchholen. Die Maschen von der linken Nadel gleiten lassen.

MASCHEN LINKS ZUSAMMENSTRICKEN

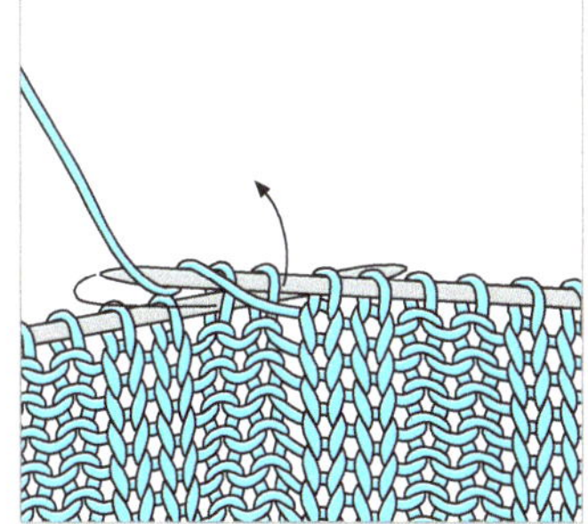

Wie bei einer linken Masche liegt der Faden vor der linken Nadel. Von rechts nach links durch beide Maschen stechen, den Faden durchholen und die Maschen von der linken Nadel gleiten lassen.

EINFACHER ÜBERZUG

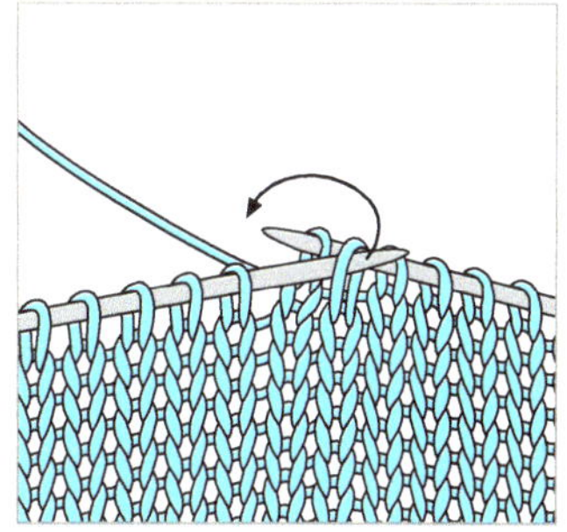

2 Maschen überzogen zusammenstricken: 1 Masche wie zum Rechtsstricken abheben, die folgende Masche rechts stricken und die abgehobene Masche darüberziehen.

DOPPELTER ÜBERZUG

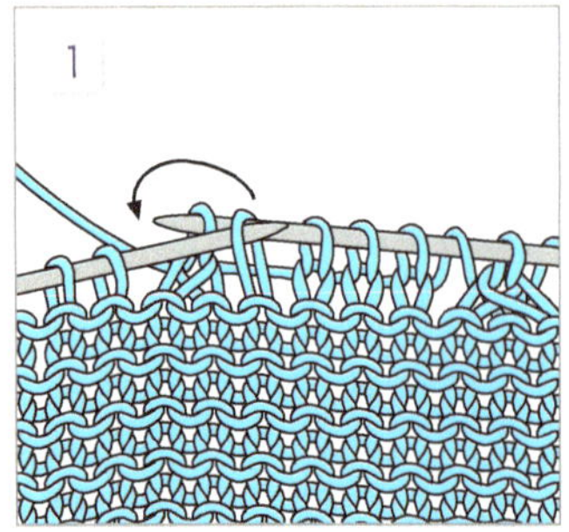

3 Maschen überzogen zusammenstricken: Eine Masche wie zum Rechtsstricken abheben und die beiden folgenden Maschen rechts zusammenstricken.

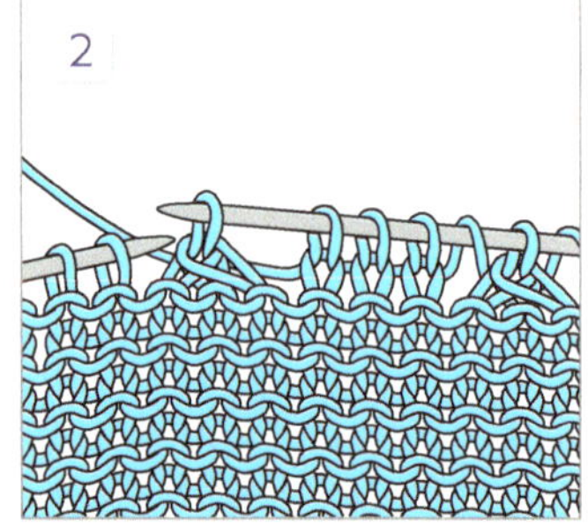

Dann die abgehobene Masche über die zusammengestrickten Maschen ziehen.

AUS DEM QUERFADEN ZUNEHMEN (RECHTS VERSCHRÄNKT)

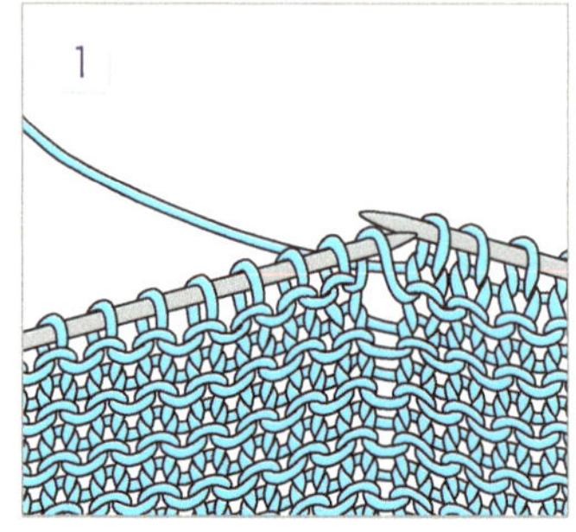

Den Querfaden zwischen 2 Maschen mit der linken Nadel von vorn nach hinten aufnehmen.

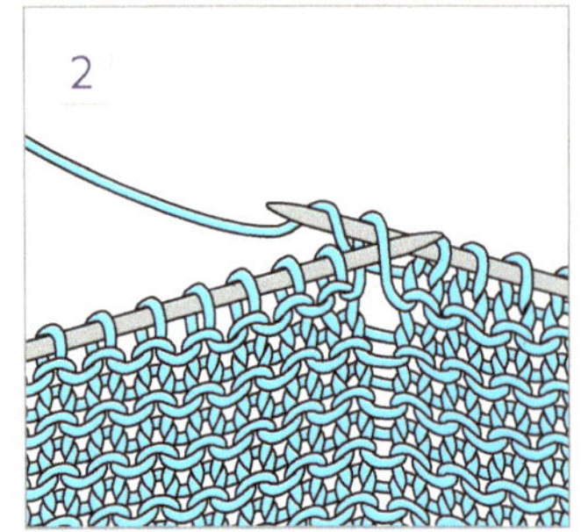

Den Arbeitsfaden vorlegen. Von links nach rechts in den hinteren Schlingenteil einstechen. Faden durchholen. Den aufgenommenen Querfaden von der linken Nadel gleiten lassen.

VERZOPFUNG NACH RECHTS

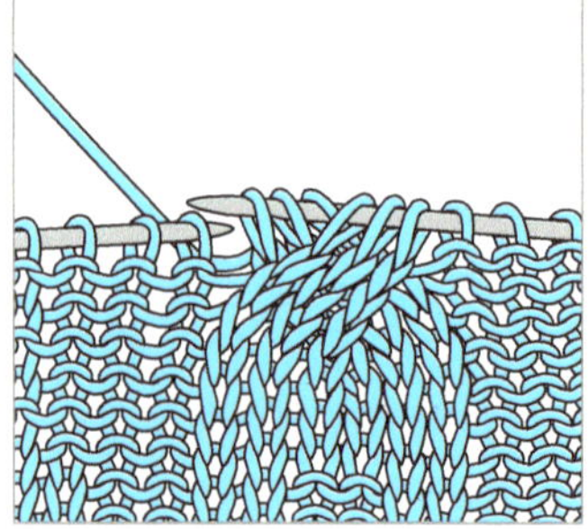

3 Maschen auf eine Zopfnadel nehmen und hinter die Arbeit legen, die folgenden 3 Maschen der linken Nadel rechts stricken, dann die Maschen der Zopfnadel rechts stricken.

VERZOPFUNG NACH LINKS

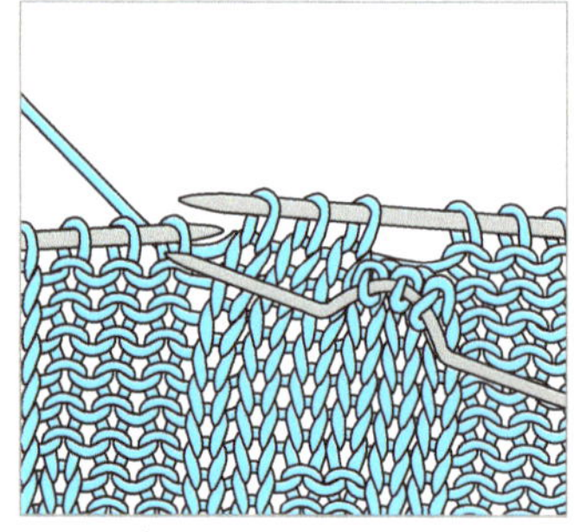

3 Maschen auf eine Zopfnadel nehmen und vor die Arbeit legen, die folgenden Maschen der linken Nadel rechts stricken, dann die 3 Maschen der Zopfnadel rechts stricken.

RECHTS-ZUNAHME

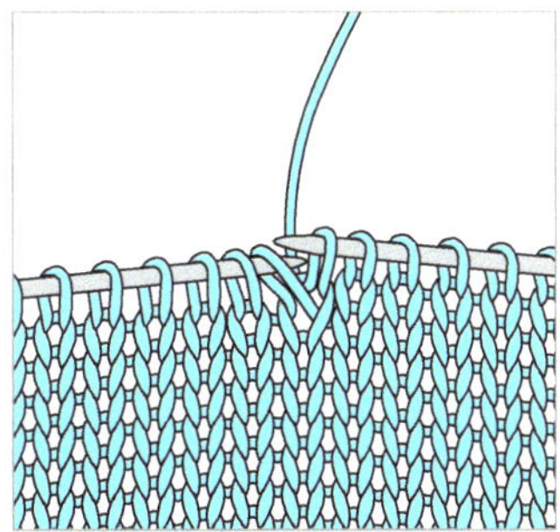

Aus 1 Masche 2 Maschen rechts einer Masche herausstricken: Mit der rechten Nadel in die folgende Masche der darunterliegenden Reihe einstechen und diese Masche rechts abstricken. Danach die darüberliegende Masche rechts abstricken.

LINKS-ZUNAHME

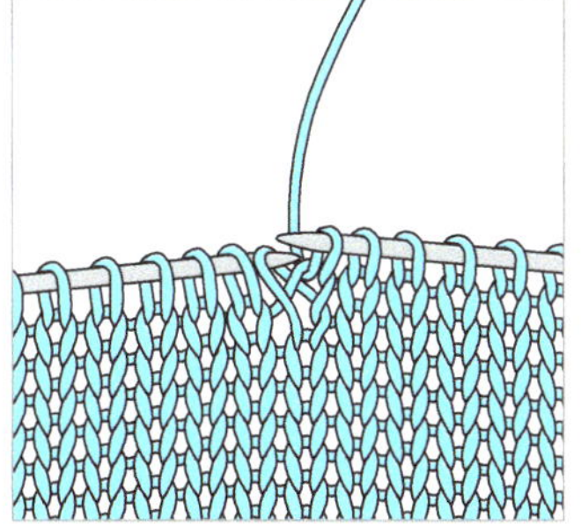

Aus 1 Masche 2 Maschen links einer Masche herausstricken: 1 Masche rechts stricken, mit der linken Nadel die darunterliegende Schlinge der zuletzt gestrickten Masche von hinten nach vorn auffassen und rechts abstricken.

MASCHEN AUFFASSEN

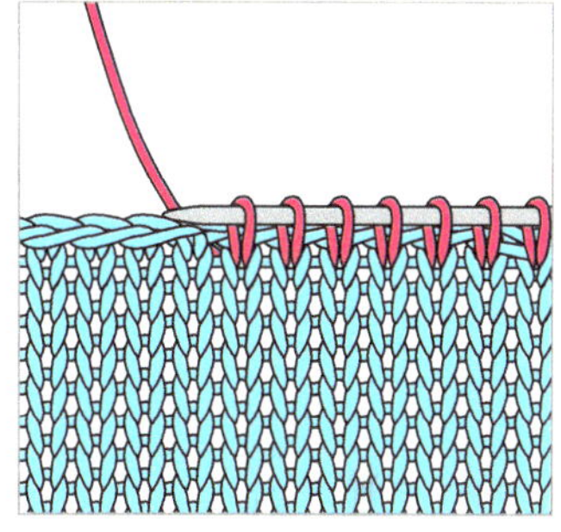

In die Masche unterhalb des Randes einstechen und den Faden holen. 1 Masche ist auf der Nadel. Auf diese Weise die gewünschte Maschenzahl herausstricken.

MASCHEN ABKETTEN

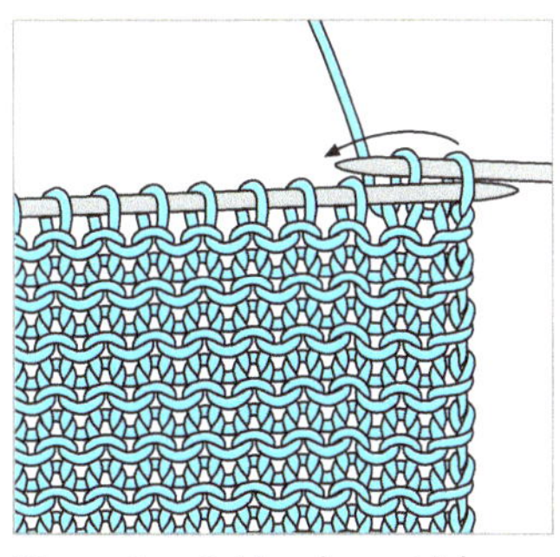

Die ersten 2 Maschen stricken. Mit der linken Nadel in die 1. Masche stechen, diese über die 2. Masche legen und mit der rechten Nadel die 2. Masche durch die 1. ziehen. Fortlaufend die nächste Masche stricken und die vorhergehende darüberziehen.

MASCHENSTICH

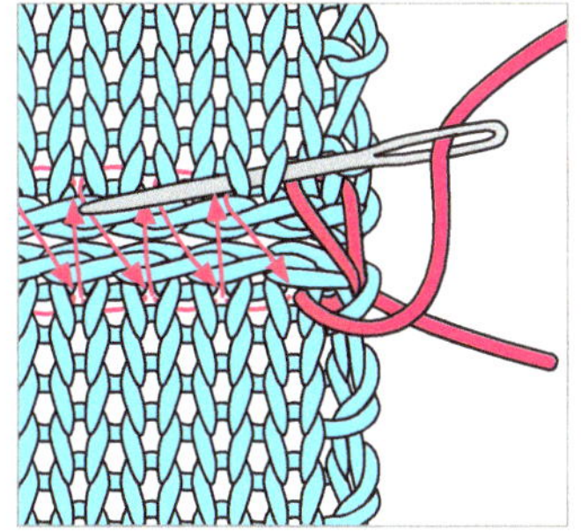

Die Ränder flach gegeneinanderlegen, eine Masche mit der Nadel erfassen und den Faden durchziehen. Gemäß Abbildung in bzw. um die Maschen des Abkett-/Anschlagrandes stechen (siehe Pfeile). Nach jeweils ca. 2 cm den Faden anziehen.

KANTEN UMHÄKELN

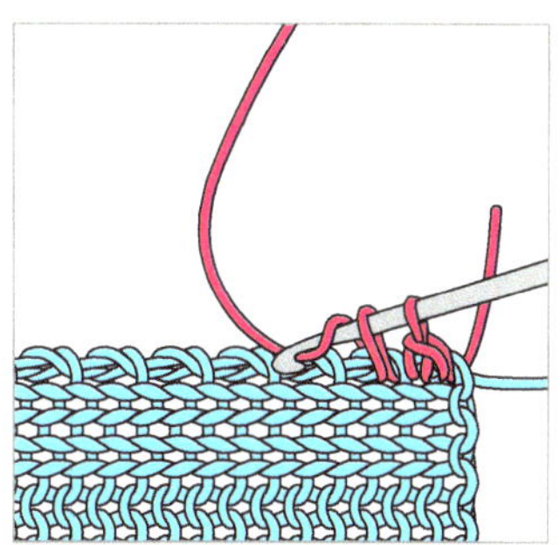

Mit der Häkelnadel am Rand einstechen, den Faden zu einer Schlinge durchholen. Links davon wieder einstechen und eine Schlinge holen. Den Faden um die Nadel legen und durch beide Schlingen ziehen, also 1 feste Masche häkeln. So die ganze Kante umhäkeln.

FRANSEN EINKNÜPFEN

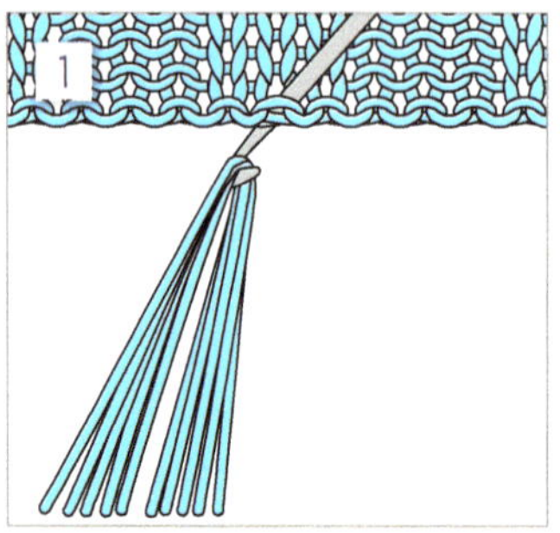

Fäden zuschneiden (Fadenlänge = Fransenlänge mal 2 plus 1 cm für den Knoten). Mit der Häkelnadel durch eine Randmasche einstechen, die Fäden mittig fassen und zu einer Schlinge durchziehen.

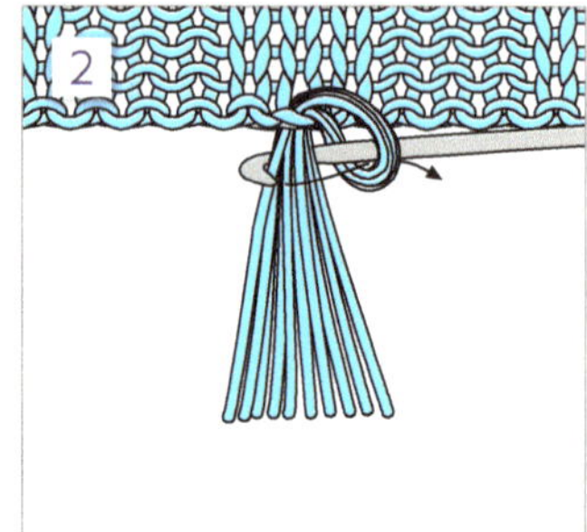

Von rechts nach links in die Schlinge einstechen, die Fäden fassen und durch die Schlinge ziehen. Den Knoten festziehen.

POMPON

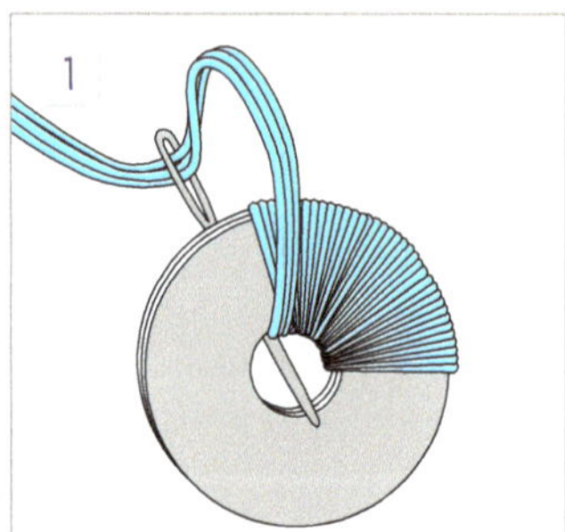

Aus Pappe zwei Kreise im gewünschten Durchmesser mit mittigem Loch anfertigen und aufeinanderlegen. Garn mit einer Wollnadel durch die Mitte führen und den Ring locker und dicht umwickeln.

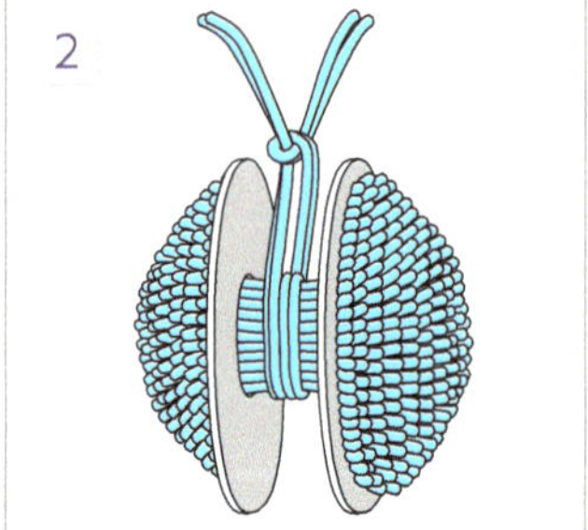

Die Umwicklung am Rand aufschneiden und die Ringe etwas auseinanderziehen. Mit doppeltem Faden zwischen den Pappringen fest abbinden, Fäden gut verknoten. Pappe entfernen.

QUASTE

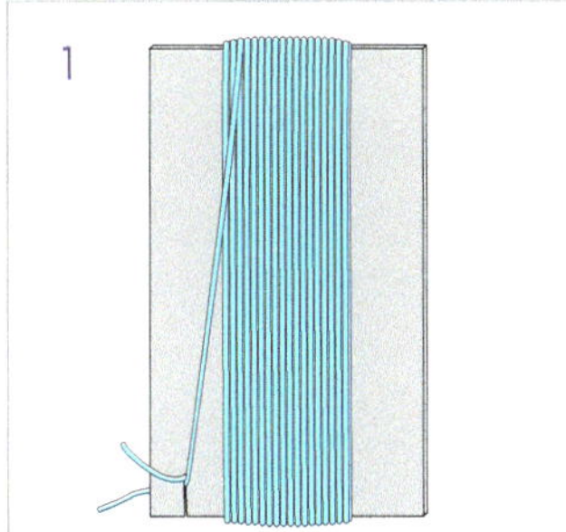

Ein Rechteck aus Pappe zuschneiden. An der unteren Schmalseite einen Schlitz von 1 cm einschneiden. Fadenende in den Schlitz klemmen und die Pappe locker mit Garn umwickeln. Faden abschneiden und in den Schlitz klemmen.

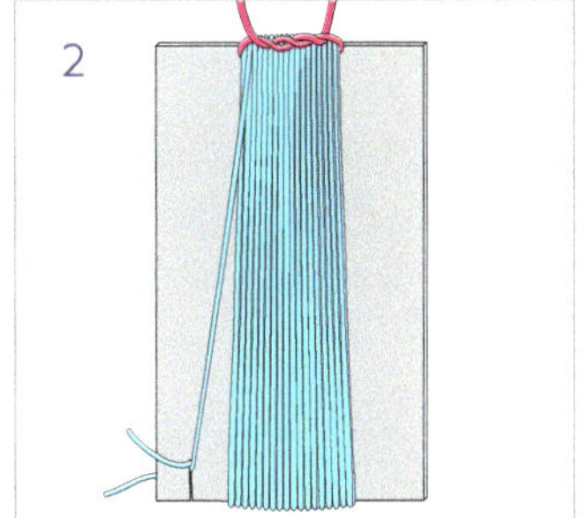

Den Garnstrang oben verknoten, dazu einen Faden mit einer stumpfen Wollnadel zwischen Pappe und Strang durchführen und mit Knoten sichern. Fadenenden aus dem Schlitz ziehen, Strang an der Kante aufschneiden, Pappe entfernen.

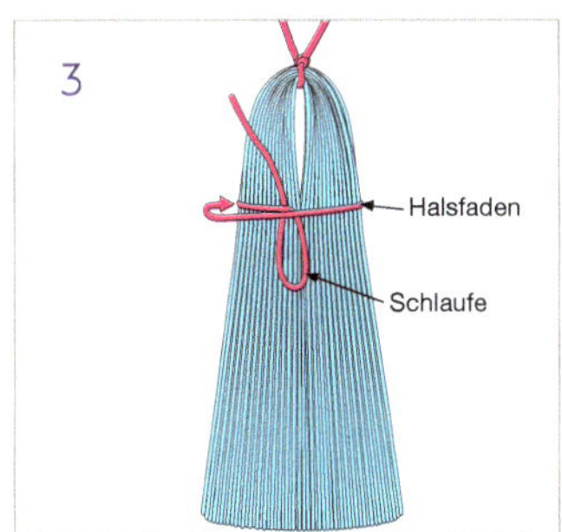

„Hals" abbinden: Das Fadenbündel ca. 2 cm unterhalb des oberen Knotens mit einem langen Faden abbinden. Fadenanfang im oberen Drittel zur Schlaufe legen und mit dem Daumen fixieren. Das Garn fest um den Strang wickeln.

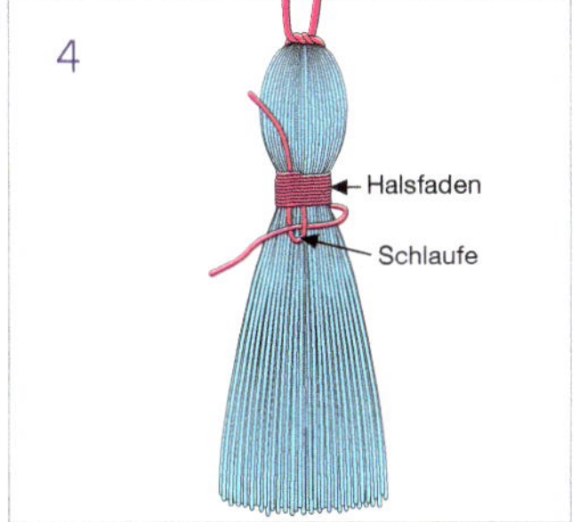

Das Fadenende durch die Schlaufe führen und den Faden am anderen Ende anziehen, sodass sich die Schlaufe zusammenzieht und das Fadenende mitgefasst wird. Die Schlaufe festziehen. Fäden abschneiden. „Rock" der Quaste zurechtschneiden.

IMPRESSUM

Konzept und Text:
Veronika Hug

Realisation:
Bettina Götje, Veronika Hug,
Silvia Jäger, Claudia Krieg und
Sabine Schidelko

Lektorat:
Johanna Heiß

Korrektur:
Margit Huber

Fotografie:
CREALOOP Elke Engel

Technische Zeichnungen:
Carsten Bachmann

Gesamtgestaltung und Satz:
CREALOOP Elke Engel

Covergestaltung:
GrafikwerkFreiburg

Druck und Verarbeitung:
CPI books GmbH, Leck

ISBN 978-3-8410-6485-1
Art.-Nr. 6485

4. Auflage 2018